KB270800

저작권

편집자를 위한 저작권 지식

차례
Contents

들어가는 글

만일 한 저자가 똑같은 내용의 책을 제목만 바꾸어 서로 다른 출판사에서 펴낸다면? 원저작물은 하나인데 번역물의 제목은 제각각인 것들이 여러 종 서점을 장식하고 있거나 토씨 하나 틀리지 않은 번역물이 번역자와 출판사만 달리 해서 여러 종 출간된다면? 당연히 그 결과로 인한 피해는 책의 최종 소비자인 독자들에게 고스란히 돌아갈 것이다. 일단 팔고 보자는 극도의 상업주의가 출판이라는 문화성의 허울을 쓰고 교묘하게 표출된다면 결국 선량한 독자들이 책을 외면하는 결과를 낳게 될 것이다.

지난 몇 년 동안 대한출판문화협회 저작권상담실을 운영하면서 유체물로서의 책에 대한 소유권과 무체물로서의 창작물에 대한 저작권을 혼동하는 이용자들이 여전히 줄어들지 않고 있음을 매우 안타까운 마음으로 확인했다. 더욱이 상담을 청해 놓고 정작 마음의 귀는 닫은 채 자기 주장만 내세움으로써 아까운 시간을 허비하는 경우를 보면, 솔직히 문화선진국으로 가는 길이 아직 멀었다는 생각이 절로 들곤 했다.

이 책은 특별히 출판편집자들을 위해 기획되었다. 출판 행위는 저작자, 편집자를 포함한 출판자, 그리고 독자가 있음으로써 가능한 것이며, 이 중에서 편집자는 저작자와 독자 사이에서 그들을 연결시켜 주는 지적 전파 과정을 담당한다. 저작자가 일차적인 창조자라면, 출판자는 주로 편집자를 통해 그것을 개성 있는 출판물의 형태로 꾸며서 펴내는 또 다른 창조자인 셈이다. 출판자는 좋은 내용의 책을 창의적으로 기획하고 개발하여 정성을 다해 펴내야만 제 구실을 다하는 것이다. 그 과정에서 고의든 과실이든 저작권을 둘러싼 분쟁에 휘말리게 된다면 모든 수고가 물거품이 될 수 있다.

바로 이러한 출판문화의 본질을 이해하고 진정 양서(良書) 중심·독자중심의 편집관을 갖춘 유능한 편집자들이 훌륭한 출판인의 후원 아래 창의성을 발휘할 때 우리 출판산업은 고질적인 '단군 이래 최대 불황'을 타개하고 모든 문화산업의 근간으로 거듭날 수 있을 것이다.

책향 덕분에 숨을 쉬는 한 사람으로서 고마운 마음을 담아 이 책을 이 땅의 편집자들에게 바친다.

저작권이란 무엇인가

　‘저작권(copyright)’이란 인간의 사상이나 감정을 창작적으로 표현한 저작물을 보호하기 위해 그 저작자에게 부여한 권리를 말한다. 저작권의 보호란 저작물의 창작자에게 자기 저작물의 이용에 관한 배타적인 권리를 부여하여, 그 저작물을 다른 사람이 이용할 때에는 저작권자의 허락을 필요로 하게 하며, 그러한 허락을 얻지 않고 이용하는 행위는 위법으로 규정하는 것을 뜻한다.

　저작권이 저작자의 창의성이나 기술 및 노력을 보호하기 위해 주어지는 권리임에는 틀림이 없으나, 이러한 창조성은 일정한 형태로 표현되기 전까지는 보호 받을 수 없다. 원래 저작권이 저작자를 보호하기 위한 것이기는 하지만, 그 대상은 저작물이기 때문이다.

그러므로 저작권의 보호는 창작자로서의 저작자가 아닌 유형물로 표현한 저작물에 대한 보호라고 할 수 있다. 저작권은 지적(知的)으로 창조된 원저작물을 보호하려는 취지에서 주어지는 것이며, 저작물 그 자체, 즉 '표현'이 보호된다는 뜻이지 저작자의 사상이 보호된다는 의미는 아니다. 사상·학설·원칙 및 체계화된 방법 등에는 저작권이 인정되지 않는다.

한편, 이전까지의 저작권 보호는 인쇄술에 의한 복제물, 즉 출판물의 저작권 침해를 방지하는 것이 주목적이었다. 그러나 과학기술의 발전은 저작물을 수록하여 전달하는 매체의 증가와 더불어 저작권 침해의 대상을 인쇄 매체로부터 전기·전파 매체에서 전자적 장치로까지 넓히는 결과를 가져왔다. 현대적 의미의 저작권법은 창조적인 작업에 관하여 저작자나 그것을 유체물로 변형시킨 메시지전달자(커뮤니케이터)들만의 권리와 의무를 규정한 것이 아니라, 저작물 이용자의 권리와 의무는 물론 책임까지도 정해서 규율해 주는, 이를테면 문화 활동에 있어서의 기본이 되는 법률이라고 할 수 있다.

우선 국내 저작권 환경의 변화양상을 정리해 보면 다음과 같다.

- 1957. 국내 저작권법 제정.
- 1987.7.1. 저작권법 전문 개정 발효.

- 1987.10.1. 세계저작권협약(UCC) 국내 발효.

- 1994.7.1. 저작권법 일부 개정 발효.

- 1996.1.1. 세계무역기구 지적재산권협정

  (WTO/TRIPs) 국내 발효.

- 1996.7.1. 저작권법 일부 개정 발효.

- 1996.8.21. 베른협약(Berne Convention) 국내 발효.

- 2000.7.1. 저작권법 일부 개정 발효.

- 2003.7.1. 저작권법 일부 개정 발효.

- 2005.1.16. 저작권법 일부 개정 발효.

- 2007.4.2. 한미자유무역협정(FTA) 타결.

- 2007.6.29. 저작권법 전부 개정 발효.

저작권의 주요 내용

저작인격권

저작인격권이란 "저작자가 자신의 저작물에 대해 갖는 정신적·인격적 이익을 법률로써 보호 받는 권리"라고 할 수 있으며, 저작권법에서는 이를 공표권·성명표시권·동일성유지권의 세 가지로 나누어 규정하고 있다.

먼저 공표권이란 "저작물을 대외적으로 공개하는 권리"라고 할 수 있는데, 그 방법은 물론 공개 여부에 대한 판단은 전적으로 저작자만이 행사할 수 있다는 것이 그 취지이다.[1]

저작인격권의 두 번째 권리로 성명표시권이 있다. 성명표시권이란 "저작자가 그의 저작물을 이용함에 있어서 자신이 저작자임을 표시할 수 있는 권리"라고 할 수 있다.[2] 저작자는 자신의 저작물의 원작품은 물론 그 복제물에, 그리고 그것을 공표함에 있어서 그의 실명(實名)이나 이명(異名) 중에서 마음에 드는 것을 선택해 표시할 수 있는 권리가 있다. 즉, 저작자로서의 자기를 실명으로 표시할 것인가, 아니면 남들이 잘 아는 예명(藝名)이나 아호(雅號) 또는 필명(筆名)으로 할 것인가, 심지어는 남들이 잘 알지 못하는 자기만의 독특한 이름으로 표시할 것인가 등을 결정할 권리가 저작자에게 있음을 뜻한다. 결국 저작인격권으로서의 성명표시권은 저작자가 저작물에 자신이 저작자임을 다양한 방법으로 표시하거나 표시하지 않을 수 있다는 것, 그리고 이용자가 저작물을 이용함에 있어서 저작자가 표시한 바에 따라 저작물에 저작자를 표시해야 한다는 것으로 요약할 수 있다. 따라서 이용자가 이용 저작물에 저작자를 표시함에 있어서 원저작자를 무시하고 다른 사람으로 표시하는 것은 명백히 성명표시권을 침해하는 것이라고 하겠다.

저작인격권의 세 번째 권리는 동일성유지권이다. 동일성유지권이란 "저작자가 자신이 작성한 저작물이 어떠한 형태로 이용되더라도 처음에 작성한 대로 유지되도록 할 수 있는 권리"를 말한다.[3] 즉, 저작자의 의사에 관계없이 이용자로부터 저작물의 내용을 변경 당하지 않을 권리라고 할 수 있다. 하지만 저작물의 본질적인 변경이라도 그것이 정당한 절차를 거쳐 번역 또는 편곡 및 개작 등이 이루어진 것이라면 동일성유지권의 침해가 아니다. 다만, 번역을 함에 있어서 필연적인 변경과는 상관없는 중대한 실수로서의 오역(誤譯) 따위는 동일성유지권의 침해 사유가 될 수 있다.

한편, 인격권이란 정신적인 권리이다. 따라서 그것을 경제적 또는 물질적으로 파악할 수는 없다. 그러므로 인격을 소유한 저작자로서의 당사자만이 권리의 침해에 대한 정도를 느낄 수 있으며, 가해자의 침해 정도를 입증할 수 있을 때 그 범위 안에서 '위자료(慰藉料)'라고 하여 물질적인 배상을 청구할 수 있다.4)

저작재산권

저작재산권(economic right)이란 저작자가 자신의 저작물에 대해 갖는 재산적인 권리를 뜻한다. 따라서 일반적인 물권(物權)과 마찬가지로 지배권이며, 양도와 상속의 대상일 뿐만 아니라, 채권적인 효력도 가지고 있다. 저작자 일신에 전속되는 인격권과는 사뭇 다른 특성을 가지고 있는 것이다. 또한 저작재산권은 저작자가 자신의 저작물에 대해서 갖는 배타적인 이용권이라고도 할 수 있다. 그러나 실제로는 자신이 직접 저작물을 이용하는 경우보다는 남에게 저작물을 이용하도록 허락하고 그 대가를 받는 경우가 대부분이다.

이러한 저작재산권에는 복제권·공연권·공중송신권·전송권·전시권·배포권·판매용음반의대여권·2차적저작물작성권 등 일곱 가지가 있다. 이 중 출판과 관련이 깊은 권리를 중심으로 그 내용을 살펴보면 다음과 같다.

먼저 복제권에 있어 복제(複製)란, "인쇄·사진·복사·녹음·녹화 그 밖의 방법에 의하여 유형물에 고정하거나 유형물로 다시 제작하는 것을 말하며, 건축물의 경우에는 그 건축을 위한 모형 또는 설계도에 따라 이를 시공하는 것을, 각본·악보 그 밖의 이와 유사한 저작물의 경우에는 그 저작물의 공연·방송 또는 실연을 녹음하거나 녹화하는 것을 포함"하는 개념이다. 따라서 복제권(reproduction right)은 "저작물을 여러 가지 방법에 의하여 전자적으로 고정하거나 유형물로 다시 제작할 수 있는 권리"라고 정의할 수 있다. 그러므로 복제권은 저작재산권 중에서 가장 기본적인 권리이며, 저작물 이용에 있어서도 가장 기본적인 형태라고 할 수 있다. 아울러 앞에서 이미 복제의 개념을 살피면서 인쇄나 사진 또는 복사처럼 가시적인 복제와 녹음 또는 녹화 같은 재생 가능한 복제로 나누었는바, 가장 대표적인 복제의 유형이라면 아무래도 출판을 통한 저작물의 이용이 아닌가 싶다. 한편, 권리 관계에 있어서는 저작재산권은 양도가 가능하므로 만일 저작자가 누군가에게 복제권을 양도한다면 복제권을 양도 받은 사람이 복제권자가 되는 것이다.

또 2007년 전부 개정법에서 신설된 공중송신권이 있다. 인터넷을 활용한 온라인상의 저작물 송신이 보편화되고, 또 이용자의 주문에 따라 이용자가 개별적으로 원하는 시간과 장소에 저작물을 전달하는 형태의 기술 진전은 새로운 권리의 등장을 촉진했던 것이다. 원래 2000년 개정법에서는 이른바 '전송권'을 신설했는데, 이번에는 "저작물, 실연·음반·방송 또는 데이터베이스를 공중이 수신하거나 접근하게 할 목적으로 무선 또는 유선통신의 방법에 의하여 송신하거나 이용에 제공하는 것"으로서의 '공중송신'을 신설한 것이다. 곧 공중송신은 기존의 방송, 전송의 개념을 포괄하면서 디지털음성송신까지 합친 개념으로 확장된 것이다. 디지털 기술의 발달, 방송·통신 융합 등에 따라 새로운 저작물 이용 형태가 등장하고 있으나 기존법은 방송과 전송이라는 두 가지 범주만 인정하고 있어 저작권 보호에 한계가 있었다는 것이 개정의 취지로 보인다. 사실 그 동안 개인 인터넷방송, 방송사의 방송물 동시 웹캐스팅 등 실시간 음악 웹캐스팅이 방송인지 전송인지 의견이 분분했던 점을 감안, 이를 '디지털음성송신'으로 규정하고 명확한 저작권 처리 기준을 마련함으로써 저작권을 보호하고 이용 활성화를 도모하게 된 것이다.

다음으로 배포권이 있다. 배포란, "저작물의 원작품 또는 그 복제물을 일반 공중에게 유상 또는 무상으로 양도하거나 대여하는 것"으로, 저작물을 시장에 유통시키는 일반적인 방법이기도 하다. 따라서 그렇게 하려면 저작재산권으로서의 배포권을 가지고 있는 저작권자로부터 허락을 받아야만 하는 것이다. 그러므로 복제권과 관련해서 배포권을 적절히 행사하면 저작권의 효율적인 관리에도 상당한 효과가 있을 수 있다. 예컨대, 다른 나라에 저작물 이용을 허락할 경우 복제권을 발휘하여 복제에 의한 이용을 허락함과 동시에 배포권을 행사하여 지역적 또는 시간적인 제한을 둘 수 있다. 즉, 저작물을 배포함에 있어서 지역적 범위를 한정하고 언제까지만 배포할 수 있다는 규정을 두게 되면 저작권의 관리는 물론 이익의 폭도 넓힐 수 있다는 것이다.

또 저작자와 번역자의 관계를 살피는 데 있어 눈여겨봐야 할 권리는 2차적저작물작성권이다. 즉, 저작자는 자기 저작물을 원저작물로 하는 2차적저작물(derivative work)을 작성하여 이용할 수 있는 권리를 갖는다(제22조). 여기서 말하는 2차적저작물이란, "원저작물을 번역·편곡·변형·각색·영상제작 그 밖의 방법으로 작성한 창작물"을 말한다. 그러므로 2차적저작물을 작성한 사람에게도 그에 따르는 별도의 권리가 주어지지만, 그것의 원저작물의 저작자로부터 정당한 방법으로 허락을 얻어야 하며, 그렇지 않을 경우에는 그에 따르는 책임을 져야 한다. 또한 2차적저작물을 작성함에 있어서 원저작물의 변경이 불가피하므로 동일성유지권 침해의 문제가 제기될 수 있다. 하지만 그것이 내용상의 본질적인 변경이 아니고 영어를 국어로 번역하거나 다장조 음계를 가장조로 편곡하는 등 단순한 표현 형식의 변경이라면 저작인격권으로서의 동일성유지권을 침해한 것은 아니다.

한편, "작성하여 이용할 권리"라는 말에 유의할 필요가 있다. 이는 작성할 권리와 이용할 권리의 이중적인 의미로 해석할 수 있기 때문이다. 즉, 저작자는 자기 저작물을 토대로 해서 직접 2차적저작물을 작성할 수 있을 뿐만 아니라, 그렇게 작성한 별도의 저작물을 경제적인 대가를 받고 이용하게 할 수 있다는 뜻이다. 따라서 2차적저작물작성권은 저작재산권 중에서도 매우 부가가치가 높은 권리이기 때문에 저작재산권의 일부 또는 전부를 양도하는 경우에 주의가 필요하다. 이런 특성을 감안해서 현행 저작권법에서는 저작재산권을 전부 양도하는 경우라도 별도의 특약이 없는 한 2차적저작물작성권은 양도되지 않은 것으로 추정한다고 규정하고 있다(제45조 제2항).

저작재산권의 보호 기간

일반적인 소유권은 보호 기간이 정해져 있지 않고 영구적인 것이 특징이지만, 저작권은 한 사회의 문화 발전을 꾀하는 수단이어야 한다는 측면에서 법에 의해 그 보호 기간이 한정되는 특징이 있다. 한편, 저작재산권의 보호 기간을 산정함에 있어서 기산(起算)의 기준은 크게 '저작자의 사망시'와 '저작물의 공표시'로 삼는 두 가지 방식이 있다. 여기서 말하는 '저작자의 사망시' 또는 '저작물의 공표시'는 보호 기간이 시작되는 시기라는 뜻이 아니라 보호 기간이 끝나는 시기를 계산하는 기산점이다. 우리나라와 같이 저작권의 무방식주의5)를 채택하고 있는 나라에서는 저작물의 창작과 동시에 저작권의 보호가 시작되는 것으로 보기 때문이다. 대체로 저작재산권의 보호 기간은 자연인으로서의 저작자가 누구인지 명확한 경우에는 '저작자 사망시 기산주의'를 취하고, 그 밖의 경우에는 '저작물 공표시 기산주의'를 취하고 있다. 따라서 저작재산권의 보호 기간은 저작물의 종류 및 형태에 따라서 차이가 있다고 하겠다.

저작권법 제39조6)에 따르면 일반적인 저작재산권 보호 기간(term of protection)의 원칙은 다음과 같다.

자연인으로서의 저작자가 누구인지 명확한 경우에는 그 저작자가 살아 있는 동안과 사망한 후 50년 동안 저작재산권이 존속한다. 예를 들어, 어떤 사람이 30세에 소설 한 편을 발표한 다음 70세에 사망하였다면 그 소설에 대한 저작재산권의 보호 기간은 모두 90년이 되는 것이다. 물론 해당 저작물이 어떤 방법으로든지 저작자가 살아 있는 동안 공표되었을 때에 그렇다는 것이며, 미처 공표되지 않은 저작물이 저작재산권을 상속 또는 양도 받은 사람에 의해 저작자 사망 후 40년이 지나고 50년이 되기 전에 공표되었다면, 그 저작물의 저작재산권은 공표된 때로부터 10년 동안만 존속함을 단서로 규정하고 있다. 왜냐하면 저작물은 공표되어야만 널리 알려짐으로써 이용자들이 이용할 계기를 만들게 되고, 그러한 상태에서만이 저작재산권의 행사 또는 침해 우려가 생기므로 보호할 가치가 있기 때문이다.

또 단독의 저작자가 아닌 여러 명의 저작자에 의한 공동저작물의 보호 기간에 관한 규정이 있다. 공동저작물이란 "2인 이상이 공동으로 창작한 저작물로서 각자의 이바지한 부분을 분리하여 이용할 수 없는 것"을 말한다(제2조 제21호). 이러한 공동저작물의 경우에는 공동의 저작자 중에서 맨 마지막으로 사망한 저작자의 사망 후 50년간 존속한다. 예를 들어, 세 사람이 공동으로 작성한 연구 논문이 있는데, 그것이 발표된 후 한 사람은 10년 후에 사망하고 또 한 사람은 15년 후에, 그리고 마지막 한 사람은 30년 후에 사망하였다면, 그 공동저작물의 저작재산권은 마지막에 사망한 저작자를 기준으로 하여 80년 동안 보호되는 것이다.

그 밖에 무명 또는 이명 저작물, 업무상저작물, 영상저작물 등의 보호 기간은 공표 후 50년이며, 창작한 때부터 50년 이내에 공표되지 않은 경우에는 창작한 때부터 50년간 존속한다. 이처럼 저작재산권의 보호 기간을 계산하는 경우에는 저작자가 사망하거나 저작물을 창작 또는 공표한 다음 해부터 기산한다.

저작재산권의 양도·행사·소멸

저작재산권은 저작권자에게 주어진 재산적 권리이므로 일

정한 요건에 따라 그 권리를 다른 사람에게 양도하거나 행사할 수 있으며, 아울러 소멸될 수도 있는 것은 당연하다. 하지만 그것이 문화적 산물인 저작물을 대상으로 한다는 점에서 물건 등에 있어서의 소유권과는 차이가 있을 수 있다.

먼저 저작권법 제45조[7] 저작재산권의 양도(assignment)에 관한 규정에서는 저작재산권을 다른 사람에게 양도할 수 있음을 밝히고 있다. 그런데 여기서 주목해야 할 것은 "전부 또는 일부를 양도할 수 있다."라는 규정이다. 일반적으로 물권(物權)에 있어서의 소유권인 경우에는 전부가 아닌 일부를 양도한다는 것은 생각하기 어렵다. 예를 들어, 어떤 집을 소유하고 있는 사람이 그 집을 전세의 방법으로 다른 사람에게 임대하고 나서 또 그 집의 소유권을 다른 사람에게 양도할 수는 없는 노릇이다. 즉, 일반적인 소유권에서는 유체물로서의 소유물과 소유권을 분리할 수 없다. 그러나 저작재산권은 다르다. 저작재산권 자체를 전부 양도하는 경우에는 소유권과 별 차이가 없지만, 일부를 양도할 수 있다는 점에서는 저작재산권만의 특성을 엿볼 수 있다.

우선, 저작재산권의 경우에는 저작물을 이용하는 방법에 따라 그 권리 또한 분리하여 행사할 수 있는 여지가 매우 많다는 점을 생각해 볼 필요가 있다. 저작권법에서 저작재산권으로서의 복제권(제16조), 공연권(제17조), 공중송신권(제18조), 전시권(제19조), 배포권(제20조), 대여권(제21조), 2차적저작물작성권(제22조) 등이 각각 별개의 재산적 권리임을 규정하고 있으므로,

이용 형태에 따라 권리를 분할하여 양도할 수 있는 것은 당연하다. 그것뿐만 아니라 경우에 따라서는 그러한 별개의 재산적 권리조차도 쪼갤 수가 있다.

예를 들어, 복제권 하나만 살펴보더라도, 저작재산권자는 인쇄(印刷)의 방법으로 저작물을 복제하려는 출판사업자와 녹음의 방법으로 저작물을 복제하려는 음반사업자, 또는 녹화의 방법으로 저작물을 복제하려는 영상사업자 등에게 복제권을 각각 별도로 양도할 수 있다. 즉, 어떤 방법으로 복제하느냐에 따라 같은 복제권이라도 완전한 별개의 권리로 쪼개질 수 있다는 가분적(可分的)인 저작재산권의 특성을 인정한 것이라고 하겠다. 뿐만 아니라, 저작재산권자는 하나의 저작물에 대해 종이책의 형태로 출판사에 출판권을 부여하는 동시에 신설된 공중송신권을 발휘하여 또 다른 업체 혹은 개인에게 '전자책(e-book)'을 만들도록 허락할 수도 있다.

다음으로는 2차적저작물작성권과 관련한 재산권의 분할을 생각할 수 있다.

예를 들어, 어떤 장편소설의 저작자가 있다면, 그는 그것을 원작으로 하는 번역은 물론 각색하여 공연에 이용하거나 영상제작에 이용하려는 사람들에게 각각 별도로 그 부분에 대한 권리를 양도할 수 있는 것이다. 뿐만 아니라, 같은 공연이라도 공연의 주체가 달라진다면 그들에게도 별도의 권리를 양도할 수 있다.

또한 시간적, 공간적 제한에 의한 저작재산권의 분할 및 양도를 생각할 수도 있다.

먼저 시간적인 측면에서 예를 든다면, 저작재산권자는 자신의 권리를 다른 사람에게 양도함에 있어서 언제부터 언제까지, 즉 '3년' 또는 '5년'이라는 기간을 정할 수 있는데, 그런 경우에는 그 정해진 시간이 지나면 자동적으로 저작재산권은 원래의 권리자에게로 돌아오는 것이다. 따라서 실질적으로는 '3년' 또는 '5년' 동안의 배타적 이용 허락과 같다.

다음으로 공간적 측면에서 예를 든다면, 번역에 의하여 저작물을 출판함에 있어서 그것을 '한국 내에서만' 또는 '일본 내에서만' 하는 식으로 제한하여 양도할 수 있는데, 그런 경우에는 배포권의 성질에 비추어 보더라도 지역이 바뀔 때마다 각각 별개의 권리가 작용할 수 있다. 다만, 그러한 지역적 제한이 국내에서도 가능한지, 즉 '충청남도' 또는 '전라남도' 하는 식으로까지 분할할 수 있는 것인지는 분명하지 않다.

또 저작재산권을 주장할 수 있는 저작물은 양도뿐만 아니라 이용에 따른 허락을 할 수도 있다. 저작물의 이용에 관한 배타적 권리(exclusive right)는 저작재산권자에게 있기 때문이다. 저작권법 제46조8)에서는 저작물의 이용허락(license)에 따르는 저작재산권자의 권리와 그 성질 및 내용을 규정하고 있다.

우선 저작재산권자에게는 자기 저작물의 이용을 허락할 수 있는 권리가 있다. 즉, 저작재산권자는 자신의 저작물을 스스로 이용할 수 있을 뿐만 아니라, 경우에 따라서는 다른 사람에게 이용을 허락하고 적당한 대가를 받음으로써 재산적 이익을 추구할 수 있다는 것이다. 그러므로 저작재산권자로부터 허락을 얻지 않고 어떤 방법으로든지 저작물을 이용하는 것은 위법이다.

그런데 정당하게 이용 허락을 받은 이용자가 획득하는 권리의 성질에 주의할 필요가 있다. 저작재산권자가 저작물에 관하여 갖는 권리는 배타적 권리, 즉 누구를 상대로 하든지 행사할 수 있는 권리이지만, 이용 허락을 받은 사람이 갖는 권리는 이용에 따르는 채권적(債權的)인 권리다. 따라서 저작물의 이용에 대한 배타적 권리를 가진 저작재산권자는 같은 이용 방법으로 여러 사람에게 이용 허락을 할 수 있으며, 이용자는 이에 대하여 이의를 제기할 수 없다.9)

따라서 이용에 관한 허락을 얻은 이용자라고 하더라도 허락 받은 이용 방법 및 조건의 범위 안에서만 그 저작물을 이용할 수 있다. 여기서 "허락 받은 이용 방법"이란, 복사·인쇄·녹음·녹화·공연·방송·전송, 그리고 전시 등과 같은 이용 형태는 물론 이용 부수, 이용 횟수, 이용 시간, 이용 장소 등을 포함한 구체적인 이용 방법을 모두 뜻하는 것이다. 그리고 "허락 받은 조건"이란, 저작물을 이용하는 대가로서 얼마의 금액을 언제까지 지급하기로 한다든가, 별도의 특약을 하는 것 등이라고 할 수 있다. 예를 들어, 어떤 사람이 연극의 상연을 위한 목적으로 어느 저작물에 대한 이용을 허락 받았는데 연극이 아닌 책으로 꾸며서 출판의 방법으로 이용하였다면 그것 역시 위법이 된다는 것이다. 또한 저작물을 1년 동안만 이용하기로 계약을 맺었다면 1년이 지난 후에는 이용할 수 없으며, 모든 권리는 다시 원래의 저작권자에게로 복귀된다는 뜻을 품고 있다.

또 저작물을 일정한 용도에 의한 이용 허락을 얻어서 이용에 관한 정당한 권리를 얻은 사람이라도 저작재산권자의 동의가 없이 제3자에게 이를 양도할 수 없다. 여기서 말하는 '이용자의 권리'란 "허락 받은 이용 방법과 조건의 범위 안에서 그 저작물을 이용할 수 있는 권리"를 말하는 것이다. 예컨대, 어느 때로부터 3년 동안 출판에 의한 방법으로 저작물을 이용하기로 한 이용자가 1년이 지난 후에 다른 출판업자에게 저작물의 출판에 의한 이용권을 양도할 때에는 반드시 저작재산권자의 허락이 있어야 하며 그렇지 않을 때에는 위법이 된다.

보호 받지 못하는 저작물

저작물이라고 하여 모두 법적으로 보호가 되는 것은 아니다. 저작권법 제7조에서는 이런 취지에 따라 보호 받지 못하는 저작물 다섯 가지에 대하여 규정하고 있다. 저작권법은 근본적으로 저작자인 개인이나 단체의 권리를 보호하기 위해 마련된 제도적인 장치이지만, 무조건적인 보호만을 위한 것은 아니다. 즉, 저작권법 제정의 취지에는 저작권을 보호함으로써 국가 차원에서 문화의 향상과 발전을 도모하기 위한 공공의 성격도 강하게 담겨 있다. 따라서 저작물의 성질로 보아 국민에게 널리 알려 이용하게 함으로써 훨씬 더 유익한 효과를 가져 올 수 있는 것은 보호의 대상에서 제외하기로 한 것이다.

① 헌법·법률·조약·명령·조례 및 규칙

먼저, 각종 법령(法令)은 저작권법의 보호를 받지 못한다. 여기서 말하는 법령이란, 헌법을 포함하여 형법, 민법, 상법 등의 각종 법률과 대통령 및 국무총리의 영(令), 각 행정부처의 영(令), 그리고 법률과 동등한 효력의 조약이나 협약은 물론 그 밖의 국제 법규까지를 망라하는 개념이다. 법령을 보호 받지 못하는 저작물로 규정하고 있는 까닭은 그것이 모든 국민의 실생활과 관련하여 수시로 이용 가능한 상황에 놓여 있어야 하므로, 그것을 작성한 누군가의 허락에 의해서만 이용할 수 있다면 많은 문제점이 생길 소지가 있기 때문이라고 할 수 있다. 하지만 각종 법령을 체계적으로 배열하였거나 법령에 대한 해설을 곁들인 저작물은 별도의 저작물로서 보호된다. 즉, 수많은 법령 중에서 관련 법규만을 모아 창작성이 있게 배열하였다면 편집저작물이 될 수 있고, 어떤 법령에 대해 알기 쉽도록 해설을 가해서 저작물을 작성하였다면 그것은 하나의 독립적인 저작물로서 보호된다는 점에 주의해야 한다.

② 국가 또는 지방자치단체의 고시·공고·훈령 그 밖의 이와 유사한 것

국가 기관이나 각 지방자치단체가 일반 국민 또는 지방 거

주민에게 널리 알릴 목적으로 작성한 문서들 역시 보호 받지 못하는 저작물이다. 여기서 예시한 고시(告示), 공고(公告), 훈령(訓令) 등은 전문용어로 파악하기보다는 넓은 의미에서의 공문서로 보는 것이 타당하다. 따라서 국가나 지방자치단체가 널리 알릴 목적으로 작성한 모든 저작물은 사실상의 보호 받지 못하는 저작물이 된다고 하겠다. 그러나 국가 내지 지방자치단체가 작성한 공문서라고 할지라도 공중에게 알리는 것을 목적으로 하지 않는 계획서이거나 학술적 가치가 있는 연감이나 교육 백서 또는 국정 교과서 등이라든가, 문화적·예술적 가치가 있는 그림엽서 등이라면 보호 받는 저작물일 수도 있으므로 세심한 주의가 요망된다.

③ 법원의 판결·결정·명령 및 심판이나 행정심판 절차 그 밖의 이와 유사한 절차에 의한 의결·결정 등

여기서는 법원에서 법률에 근거하여 행하는 판결이나 결정 및 명령, 행정심판 및 이와 유사한 절차에 의한 의결이나 결정 등도 사법부 혹은 거기에 준하는 행정청이 일반 국민에게 널리 알릴 것을 목적으로 작성한 것이라면 보호 받지 못하는 저작물로서 누구든지 자유롭게 이용할 수 있음을 규정하고 있다. 그렇더라도 누군가가 유사한 분야의 판결만을 모아 적절히 평석(評釋)을 가한 판례집을 만들었다면 그것은 편집저작물로서의 저작물성이 인정되어 보호 받을 수 있으므로, 보호 받지 못하는 저작물을 토대로 하는 또 다른 저작물이 작성될 수

도 있음에 주의해야 한다.

④ 국가 또는 지방자치단체가 작성한 것으로서 제1호 내지 제3호에 규정된 것의 편집물 또는 번역물

앞에서 살펴본 바와 같은 보호 받지 못하는 저작물들을 편집한 것이거나 번역한 것으로서 국가 또는 지방자치단체가 작성한 것 역시 보호 받지 못하는 저작물이다. 즉, 편집저작물 또는 번역에 의한 2차적저작물이더라도 그것의 원저작물이 보호 받지 못하는 저작물이므로 같은 취지에서 보호 받지 못하는 저작물임을 밝히고 있는 것으로 보인다. 그러나 그 편집물 또는 번역물을 작성한 주체가 국가 또는 지방자치단체가 아닌 개인이나 단체라면 보호의 대상이 된다는 점에 주의해야 한다.

⑤ 사실의 전달에 불과한 시사보도

어떤 저작물의 저작권을 인정하는 가장 기본적인 기준은 창작성에 있다. 따라서 특별한 창작성보다는 광범위하면서도 신속하게 일반 국민들로 하여금 알게 할 목적으로 신문이나 방송 등의 대중매체에 싣는 단순한 시사보도에 대해서는 저작권을 인정하지 않는다고 규정하였다. 즉, 국민들의 일상에서 일어나는 사실들의 단순한 전달에 불과한 것까지 보호할 필요가 없다는 것이므로 창작성이 부족하다는 것도 하나의 기준으로 작용하였다고 볼 수 있다. 그러므로 대중매체에 실린 저작물이

단순한 사실의 전달이 아닌 칼럼이나 사설, 또는 분석 기사나 해설 기사, 그리고 각종 문예물이나 그림, 만화, 도표 또는 투고 등과 같이 기자 또는 개인의 견해가 창작적으로 표현된 저작물이라면 당연히 보호의 대상이 된다는 점에 주의해야 한다.

저작재산권의 제한

저작재산권은 저작권자의 재산적 권리를 보호하기 위해 마련된 제도적 장치임에 틀림없지만 저작권법을 제정한 목적이 저작자의 권리와 이에 인접하는 권리를 보호하는 것은 물론, 저작물의 공정한 이용을 도모함으로써 문화의 향상·발전에 이바지하는 데 있으므로 공공성 또한 무시할 수 없다. 따라서 저작권법에서는 저작자의 개인적 이익과 사회의 공공적 이익을 조화시키기 위해 일정한 범위 안에서 저작재산권의 제한, 즉 저작물의 자유 이용을 허용하고 있다. 그러므로 저작권법에서 규정하고 있는 저작재산권의 제한 사유에 해당되는 경우에는 법이 정하는 조건에 따라 저작재산권자의 허락 없이도 저작물을 자유롭게 이용할 수 있는데, 이를 외국에서는 '공정이용(fair use, fair dealing)'이라고 한다. 우리 저작권법에서 규정하고 있는 '저작재산권의 제한'에 해당하는 이용 방법은 다음과 같다.

① 정치적 연설 등의 이용

예전에는 "공개한 법정·국회 또는 지방의회에서 행한 진술"을 보호 받지 못하는 저작물로 규정하고 있었는데, 여기에다 '공개적으로 행한 정치적 연설'이 추가되었다. 곧 국민의 알권리를 충족시킨다는 차원에서 취해진 조치인 셈이다. 다만, 공개적으로 행한 정치적 연설, 법정·국회 또는 지방의회에서 공개적으로 행한 진술이라 하더라도 동일한 저작자의 그것을 편집하여 이용하는 경우에는 보호 받는 저작물로 인정하는 예외를 두고 있으므로 주의해야 한다.

② 학교 교육 목적 등에의 이용

현행 저작권법에서는 "고등학교 및 이에 준하는 학교 이하의 학교의 교육 목적상 필요한 교과용 도서에는 공표된 저작물을 게재할 수 있다."고 규정하고 있다. 곧 초·중등교육법에 의해 설립된 초등학교, 중학교, 고등학교, 그리고 특수교육기관으로서의 맹인·농아를 위한 학교, 각종 기술학교, 직업학교, 산업체 부설학교 등이 대상이며, 사설 유치원이나 각종 학원 및 대학(교)은 이에 해당되지 않는다. 또한 학생들이 사용하는 주교재로서의 교과서, 즉 1종 혹은 국정 교과서와 2종 혹은 검인정 교과서, 그리고 교사용의 주된 교재인 지도서 및 교과서 또는 지도서에 대신하거나 이를 보충하기 위한 인정 도서 등으로 제한되는 것이어서 부교재 성격을 띤 자습서 혹은 참고서, 평가문제집 등은 이에 해당되지 않는다. 외국 저작물을 이용하는 경우에는 그 저작물을 번역·편곡 또는 개작의 방법으로 이용할 수 있으며, 저작물을 교과용 도서에 게재할 때에는 그 출처를 명시해야 한다. 그리고 저작물을 게재함에 있어서 학교에서의 교육 목적을 고려해서 불가피한 경우에는 용어의 일부 또는 표현의 일부를 변경하는 것이 가능하지만 그 저작물의 내용을 본질적으로 변경하는 것은 허용되지 않는다.

그 밖에 각종 교육 기관이 교육을 함에 있어서 수업 목적에 비추어 보아 필요한 경우에는 공표된 저작물을 복제·공연·방송하거나 전송할 수 있다. 한편, 여기서는 '배포'에 대한 허용 규정이 없으므로 가르치는 사람이 필요에 따라 공표된 저작물을 복제 등의 방법으로 이용하는 것은 허용되지만 많은 복제물을 만들어 수강생들에게 배포하는 것은 허용되지 않는다는 점에 주의해야 한다. 아울러 번역·편곡 또는 개작의 방법으로 저작물을 이용하는 것도 가능하며, 저작물을 이용할 때에는 반드시 그 출처를 명시해야 한다. 또한 이와 같은 교육 기관에서 교육을 받는 자는 수업 목적상 필요하다고 인정되는 경우에는 공표된 저작물을 복제하거나 전송할 수 있다고 규정함으로써 가르치는 사람뿐만 아니라 배우는 사람도 수업 목적에 맞게 복제 또는 전송의 방법으로 공표된 저작물을 이용하는 것을 허용하고 있다.

다만, 교과용 도서에 저작물을 게재하는 경우에는 고시되는 보상금의 기준에 따라 정한 보상금을 저작재산권자에게 지급해야 한다. 그러나 고등학교 및 이에 준하는 학교 이하의 학교에서 수업 목적상 복제·공연·방송 또는 전송을 하는 경우에는 보상금을 지급하지 않아도 된다.

③ 시사보도를 위한 이용

방송·신문 그 밖의 방법에 의하여 시사보도를 하는 경우에 그 과정에서 보이거나 들리는 저작물은 보도를 위한 정당한 범위 안에서 복제·배포·공연 또는 공중송신할 수 있다. 라디오나 텔레비전·영화·신문·잡지 등을 통해 시사적인 내용을 보도함에 있어서 그 과정에서 저작권이 있는 저작물이 보이거나 들리는 경우가 있는데, 그것이 보도를 위한 정당한 범위 안에서 행해졌다면 저작재산권의 침해 사유가 되지 않는다는 뜻이다. 그런데 이 규정은 어디까지나 시사보도를 위해 어쩔 수 없이 저작물을 정당한 범위 안에서 이용할 수밖에 없는 경우에만 해당하는 것이지, 저작물의 실질적인 이용을 노려서 고의로 보도의 형태를 취하거나 시사성이 없는 오락 프로그램 또는 교양 프로그램에서 허락 없이 저작물을 이용하는 것은 허용되지 않는다. 아울러 이렇게 저작물을 이용하는 경우 번역 이용이 가능하며, 그 출처를 명시해야 한다.

④ 시사적인 기사 및 논설의 복제 등

현행 저작권법에서는 "정치·경제·사회·문화·종교에 관하여 '신문 등의 자유와 기능보장에 관한 법률' 제2조의 규정에 의한 신문 및 인터넷신문 또는 '뉴스통신진흥에 관한 법률' 제2조의 규정에 의한 뉴스통신에 게재된 시사적인 기사나 논설은 다른 언론 기관이 복제·배포 또는 방송할 수 있다. 다만, 이용을 금지하는 표시가 있는 경우에는 그러하지 아니하다."라고 규정하고 있다. 아울러 외국의 시사적인 기사 및 논설에 대해서도 이용이 담보되어야 실효성이 있으므로 다른 언론사 기사를 번역하여 전재할 수 있도록 규정했으며, 기사 전재의 경우 반드시 출처를 표시하도록 의무화하고 있다. 다만, 각 언론사가 이용을 금지하는 표시를 한 경우에는 전재를 금지하도록 명시하고 있음에 주의해야 한다.

⑤ 공표된 저작물의 인용

현행 저작권법에 따르면 공표된 저작물을 보도·비평·교육·연구 등의 목적으로 '인용(引用, quotation)'하는 것은 저작재산권 침해가 아니다. 하지만 그것은 정당한 범위 안에서 이루어져야 하고, 공정한 관행에 합치되는 방법이어야 한다. 여기서

'인용'이란 "다른 저작물의 내용 가운데에서 한 부분을 참고로 끌어다 쓰는 것"을 말한다. 특히 어문저작물을 작성함에 있어서는 매우 흔한 것이 인용이라고 할 수 있다. 따라서 학술적으로나 예술적으로 가치를 지닌 저작물이 공표되었다면 그 이후에 등장할 저작자는 물론 독자 등이 가능한 한 여러 저작물에 접함으로써 그 가치를 누리게 하는 것이 문화의 향상 발전을 위해서도 바람직한 것이라고 할 수 있다. 그런 취지에서 인용에 의한 저작물의 이용에는 저작재산권이 미치지 않는다고 규정한 것이다. 그런데 문제는 '정당한 범위' 또는 '공정한 관행'에 관한 해석에 있다. 먼저 '정당한 범위'에 대해서는 인용되는 저작물이 인용하는 저작물에 대해 부종적 성질을 가지는지 여부, 인용하는 저작물이 인용되는 저작물의 시장 대체 여부 등을 기준으로 판단할 수 있을 것이다. '공정한 관행'이란 인용되는 저작물이 인용하는 저작물과 구분되는지 여부, 인용되는 저작물의 출처를 명시하였는지 여부 등을 종합적으로 판단해야 할 것이다.

⑥ 사적 이용을 위한 복제

현행 저작권법에서는 "공표된 저작물을 영리를 목적으로 하지 아니하고 개인적으로 이용하거나 가정 및 이에 준하는 한정된 범위 안에서 이용하는 경우에는 그 이용자는 이를 복제할 수 있다. 다만, 공중의 사용에 제공하기 위하여 설치된 복사기기에 의한 복제는 그러하지 아니하다."라고 규정하고 있다(제30조). 이는 영리 추구를 위한 대량 복제의 결과가 저작재산권자의 이익을 해치는 행위로 나타나는 것과는 달리 개인 또는 가정에 준하는 소규모의 인원이 폐쇄된 공간 안에서 이용하는 것에 불과하므로 저작재산권을 심각하게 침해한다거나 저작물이 부당하게 대외적으로 널리 유통되는 것과는 근본적으로 다르다는 점을 감안한 것이다. 예컨대, 복제 방법으로는 복사기를 이용해서 저작물을 복사하거나 오디오테이프 혹은 비디오테이프, CD 등을 이용해서 저작물을 녹음 또는 녹화하는 것을 들 수 있는데, 그 목적이 복제물을 가지고 공부를 하거나 악보를 복사해서 그것을 보고 노래를 부르거나 음악을 녹음한 후 그것을 반복 재생 방식으로 감상하는 등 학습이나 취미 또는 단순한 오락의 차원이어야 한다. 또 여기서 "가정 및 이에 준하는 한정된 범위"라고 한 것은 이용하는 사람이 단독의 개인은 아니지만 가정처럼 개인적 결합 관계로 모인 소규모 인원으로서 폐쇄적으로 이용하기 위해 복제하는 것을 말한다. 그러므로 소규모라 하더라도 회사 같은 곳에서 내부적으로 사용하기 위해 복제하는 것은 이에 해당하지 않는 것으로 판단된다. 다만, 공중의 사용에 제공하기 위해 설치된 복사기기에 의한 복제는 해당되지 않는다.

이처럼 사적 이용을 위한 복제에 해당하는 경우에는 그 저작물을 번역·편곡 또는 개작의 방법으로 이용할 수 있으며, 이 경우 출처를 명시할 의무는 없다.

⑦ 도서관 등에서의 복제

각종 도서관 시설에서는 저작재산권자의 허락이 없더라도 저작물의 복제와 전송이 가능하다. 이때 복제의 원본이 되는 저작물은 도서관 등의 시설에 보관된 자료여야 하므로 시설의 바깥에서 임의로 구해다가 복제하는 것은 허용되지 않는다는 점에 주의해야 한다.

먼저, 조사 또는 연구를 목적으로 하는 이용자의 요구에 따라 공표된 도서의 일부분을 복제하여 1인 1부에 한해 제공할 수 있다. 따라서 용도가 조사나 연구가 아닌 감상용 혹은 독서용이라면 원칙적으로 복제를 해 주어서는 안 되며, 도서의 일부분이 아닌 한 권 분량 전체를 복제해 주거나 한 사람에게 같은 복제물을 여러 부 복제해 주어도 안 된다. 이 경우 복제할 수 있는 것은 그 도서관에서 보관하고 있는 도서뿐만 아니라 다른 도서관으로부터 열람 목적으로 복제·전송 받은 도서 등도 포함된다. 다만, 디지털 복제는 허용되지 않는다.

둘째, 도서관 등이 자료의 자체 보존을 위해 필요한 경우에는 저작물을 복제할 수 있다. 이는 시간이 오래 지남에 따라 자료로서의 저작물이 멸실되는 것을 막기 위해 필요하다고 판단되는 경우에 복제를 해서 오래도록 보관할 수 있도록 하자는 취지여서 복제의 방법은 복사뿐만 아니라 사진 또는 영상물로의 복제나 마이크로필름에 의한 복제, 그리고 디지털 복제도 허용된다. 하지만 그 도서 등이 이미 디지털 형태로 판매되고 있는 경우에는 도서관 등이 이를 디지털화할 수 없다.

셋째, 다른 도서관의 요구에 따라 보관용으로 복제물을 제공할 수 있다. 그런데 이 경우에는 해당 복제물이 절판 또는 그 밖의 사유로 인하여 도저히 구할 수 없는 상황일 때 그 복제물을 보관하고 있는 도서관에 의해 복제가 가능하다는 것이므로, 시중에서 구하기가 조금 힘들다거나 구입하는 데 많은 비용이 필요하다거나 하는 사유는 이에 해당하지 않는다. 도저히 구할 수 없는 상황이란 저작물 또는 저작물이 수록되어 있는 매체가 절판되었거나 그 매체를 발행한 곳이 이미 문을 닫아 더 이상 시중에서 유통되지 않는 상황 등을 말하는 것이다. 이 경우에도 디지털 복제는 허용되지 않는다.

그 밖에 저작권자의 허락이 없어도 도서관 내에서의 열람을 위해 보관된 도서 등을 복제·전송할 수 있다. 다만, 동시 열람자 수는 그 도서관이 보관하고 있거나 저작권자로부터 이용을 허락 받은 도서의 부수를 초과할 수 없다. 이는 저작권자의 권익 보호를 위한 최소한의 제한이라고 할 수 있다. 아울러 도서관 등은 보관하고 있는 도서 등을 다른 도서관 내에서의 열람을 위해 복제 또는 전송할 수 있다. 하지만 다른 도서관 내에서의 열람을 위한 복제·전송은 그 다른 도서관에서의 그 도서 등에 대한 구매 수요를 대체할 수 있기 때문에 자칫 저작권자나 출판권자의 이익을 부당하게 침해할 가능성이 있다. 이런 점을 보완하기 위해 저작권법에서는 그 전부 또는 일부가 판매용으로 발행된 지 5년이 경과하지 않은 도서 등의 경우에는 복제·전송할 수 없도록 규정하고 있다. 또 해당 도서가 디지털 형태로 판매되고 있다면 그것을 똑같이 디지털 형태로 복제할 수 없다.

한편, 열람을 목적으로 도서관 사이에 도서 등을 전송하거나 그 도서관에서 보관하고 있거나 다른 도서관으로부터 전송받은 디지털 형태의 도서 등을 출력하는 경우에 일정의 보상금을 해당 저작재산권자에게 지급해야 한다. 다만, 국가 또는 지방자치단체나 대학 등을 저작재산권자로 하는 도서 등의 경우에는 그 전부 또는 일부가 판매용으로 발행된 것이 아니라면 보상금을 지불하지 않아도 된다. 또 도서 등을 디지털 형태로 복제하거나 전송하는 경우에 도서관은 복제 방지 장치 등 필요한 조치를 해야 한다.

⑧ 시험문제로서의 복제

시험문제의 출제를 위해 공표된 저작물을 복제하는 것은 저작재산권 침해가 아니다. 여기서 말하는 시험문제란 크게 아래의 세 가지로 나누어 볼 수 있는데, 어떠한 경우든지 영리를 목적으로 하는 것은 제외된다.

첫째, 학교의 입학시험으로서 공표된 저작물을 이용하는 경우.

둘째, 각종 회사에서의 신입사원을 공개로 채용하기 위한 입사시험이나 각종 선발시험, 학교에서의 정기적인 학력평가나 모의고사, 자격증 부여를 위한 각종 기능시험 등.

셋째, 검정(檢定)을 위해 필요한 경우.

한편, 여기서의 규정에 해당하는 것은 시험문제 그 자체로서 복제하는 것이므로, 입학시험에 출제된 문제를 모아 참고서로 복제하는 시험문제집은 해당하지 않는다. 아울러 시험문제로 삼는 과정에서 무리하게 저작물에 변형을 가하게 되면 저작인격권으로서의 동일성유지권의 침해 문제가 발생할 수도 있으므로 주의할 필요가 있다. 또한 이렇게 저작물을 이용할 때에는 저작물을 번역해서 이용할 수 있으며, 출처를 명시할 의무는 없다.

⑨ 그 밖의 경우

그 밖에 재판절차 등에서의 복제(제23조), 영리를 목적으로 하지 아니하는 공연·방송(제29조), 시각장애인 등을 위한 복제 등(제33조), 방송사업자의 일시적 녹음·녹화(제34조), 미술저작물 등의 전시 또는 복제(제35조) 등이 저작재산권의 제한 규정에 해당한다.

한편, 현행 저작권법에서는 저작물을 이용하는 경우에 적용되는 출처(source)의 명시에 대해 규정하고 있다. 저작재산권을 제한하는 것은 이용자들이 저작권자의 재산적 권리를 일부 양보 받은 것에 불과할 뿐, 재산권의 모두와 인격권까지도 제한할 수 있다는 뜻은 절대 아니다. 특히 인격적인 권리 부분은 이용자들이 최대로 보호해 주어야 할 의무 사항이 아닐 수 없다. 출처 명시는 저작물의 이용 상황에 따라 합리적이라고 인정되는 방법으로 해야 하며, 저작자의 실명(實名) 또는 이명(異名)이 표시되어 있는 저작물인 경우에는 그 실명 또는 이명을 명시해야 한다. 여기서 "합리적이라고 인정되는 방법"이란, 다른 사람의 저작물의 일부를 인용할 때 흔히 사용하는 방법에서처럼 출처로서의 저자명, 도서명 또는 저작물의 제목, 발행처, 발행 연도, 해당 쪽수 등을 눈에 잘 띄는 부분에 주(註)로써 표시하는 것을 뜻한다.

개정된 저작권법의 주요 내용

　　2006년 12월 1일 국회 본회의를 통과한 저작권법 전부 개정 법률안이 2007년 6월 29일 발효되었다. 이 같은 전부 개정의 배경에는 디지털 및 인터넷 기술 환경의 변화가 자리 잡고 있는 것으로 보인다. 곧 현행 법령을 적용하기 곤란한 이용 분야가 등장함에 따라 이를 반영하고, 저작물 등의 이용 환경 변화에 따른 저작인접권자 등의 권리를 국제 규범에 맞게 보호할 필요가 있다는 점이 고려된 것이다. 또한, 1987년 저작권법 전면 개정 이래 잦은 개정으로 흐트러진 법체계를 바로잡고 저작권 보호를 위한 일정한 침해 방지와 저작물 등의 공정한 이용을 도모하기 위해 일부 조항을 신설 및 개정할 필요가 있었던 것이다. 하지만 문화산업계의 여망과는 상당히 동떨어진 개정이었다는 점에서 아쉬움이 큰 이번 개정안에 새로이 반영된 주요 내용을 살펴보면 다음과 같다.

　1) 방송·전송·디지털음성송신을 포괄하는 상위의 '공중송신'의 개념을 신설하고, 방송과 전송의 문구를 부분 수정하는 동시에 '디지털음성송신 및 디지털음성송신사업자'의 개념을 신설함(제2조 제7호 및 제12호).
　2) 공중의 정의 규정을 신설함(제2조 제32호).
　3) 저작물 등의 안전한 유통을 보장하여 건전한 저작권 질서를 유지하기 위해 저작권 인증 제도를 도입함(제2조 제33호 및 제56조).
　4) 저작자의 공중송신권을 신설함(제18조).
　5) 공개적인 정치적 연설 등을 자유롭게 이용할 수 있도록 하되, 동일한 저작자의 것만을 편집하여 이용하는 것은 금지함(제24조).
　6) 학교 수업 목적을 위해 필요한 경우 복제 방지 장치 등의 조치를 전제로 교사 및 학생들이 저작물의 일부분을 '전송'할 수 있도록 하되, 그러한 전송이 고등학교 이하의 학교 수업을 위해 이루어지는 때에는 보상금을 지급하지 않도록 함(제25조 제2항, 제4항 및 제10항).
　7) 교과용 도서 보상금의 지급 단체 지정 및 취소 요건을 신설하고 3년 경과 미분배 보상금을 공익 목적으로 사용할 수 있도록 함(제25조 제5항 및 제9항).

8) 신문, 인터넷신문 및 뉴스통신의 시사적인 기사 및 논설을 해당 기사 등에 이용 금지 표시가 있는 때를 제외하고 다른 언론 기관이 자유롭게 복제·배포 및 방송할 수 있는 규정을 신설함(제27조).

9) 도서관 등에서의 보상금의 지급 단체 지정 및 취소 요건을 신설하고 3년 경과 미분배 보상금을 공익 목적으로 사용할 수 있도록 함(제31조 제6항).

10) 이미 법정 허락된 바 있는 저작물에 대해 다시 법정 허락의 신청이 있는 때에는 저작권자를 찾는 상당한 노력의 절차를 생략함(제50조 제3항 및 제4항).

11) 대한민국이 가입 또는 체결한 음반 보호에 관한 조약의 체약국 국민을 음반 제작자로 하는 음반도 보호의 대상에 포함시킴(제64조).

12) 실연자에게 인격적 권리에 해당하는 '성명표시권'과 '동일성유지권'을 신설하여 부여하고, 이들 권리는 양도나 이전이 금지되도록 함(제66조 내지 제68조).

13) 실연자에게 실연의 복제물을 배포할 권리를 부여함(제70조).

14) 판매용 음반의 대여에 대하여 단체를 통한 보상금 지급 방식을 벗어나 실연자와 음반 제작자에게 완전한 의미의 배타적 대여권을 부여함(제71조 및 제80조).

15) 실연자에게 고정되지 않은 생실연에 대한 공연권을 신설하여 부여함(제72조).

16) 외국인 실연자 및 음반 제작자도 상호주의에 입각하

여 판매용 음반의 방송에 따른 보상금을 받을 수 있도록 함
(제75조 제1항 및 제82조 제1항).

17) 실연자 및 음반 제작자(외국인 실연자 및 음반 제작
자 포함)에게 디지털음성송신보상청구권을 신설하여 부여하
고, 보상금의 지급 방법 등에 대해서는 제25조를 준용하도
록 함(제76조 및 제83조).

18) 저작인접권의 발생 시점과 보호 기간 기산 시점을 분
리하고, 음반 보호 기간의 기산점을 "음반에 음을 맨 처음
고정한 때"에서 "음반을 발행한 때"로 변경함(제86조).

19) 권리 주장자의 서비스 중단 요구가 있을 때 온라인
서비스 제공자가 저작물 등의 복제·전송 중단해야 할 시간
을 '지체 없이'에서 '즉시'로 변경함(제103조).

20) 다른 사람들 상호간에 저작물 등을 전송하도록 하는
것을 주된 목적으로 하는 온라인 서비스 제공자는 그 상호
간에 저작물 등이 불법적으로 전송되는 것을 방지하기 위해
기술적인 조치 등 대통령령이 정하는 필요한 조치를 취하도
록 함(제104조).

21) 사용료 및 수수료 요율 또는 금액의 승인 시 저작권
위원회의 심의를 거치도록 하고, 필요하다고 인정되는 경우
문화관광부 장관이 기간을 정하거나 신청 내용을 변경하여
승인할 수 있도록 하며, 저작권자의 권익 보호 및 저작물 등
의 이용 편의를 위해 승인 내용을 변경 승인할 수 있도록 규
정함(제105조 제6항 및 제8항).

22) 저작권신탁관리업자의 관리 저작물을 영리 목적으로

이용하는 자를 상대로 해당 관리 업자가 사용료 산정에 필요한 서류의 열람을 청구할 수 있는 근거 규정을 신설함(제107조).

23) '저작권심의조정위원회'의 명칭을 '저작권위원회'로 개칭하고 설치 목적을 확대함(제112조).

24) 저작권위원회의 업무로 저작물의 공정 이용 업무, 저작권 연구·교육 및 홍보, 정책 개발 지원 기능, 기술적 보호 조치 및 권리 관리 정보에 관한 정책 수립 지원, 저작권 정보제공을 위한 정보 관리 시스템 구축 및 운영 등을 추가함(제113조).

25) 저작권 분쟁 조정의 효율적 수행을 위해 1인 또는 3인 이상의 위원으로 구성된 조정부를 두도록 함(제114조).

26) 문화관광부 장관, 시·도지사 또는 시장·군수·구청장에게 불법 복제물을 수거·폐기할 수 있도록 하고 온라인상 불법 복제물을 삭제하도록 명령할 수 있는 권한을 갖도록 하되, 온라인상 삭제 명령을 이행하지 않는 자에 대해서는 1천만 원 이하의 과태료를 부과할 수 있도록 함(제133조 및 제142조 신설).

27) 문화관광부 장관이 저작물 등의 권리 관리 정보 및 기술적 보호 조치에 관한 정책을 수립·시행할 수 있도록 함(제134조 신설).

28) 영리를 위하여 상습적으로 저작재산권 등을 침해한 행위 등을 권리자의 고소 없이도 형사 처분이 가능하도록 비친고죄로 변경함(제140조).

이상과 같은 개정 내용 중 무엇보다 눈에 띄는 부분은 비친 고죄를 도입하는 동시에 문화관광부 장관에게 불법 복제물 수거·폐기 및 삭제 권한을 부여해서 불법 복제로부터 우리 문화 산업을 보호하고자 한 것이다. 특히, 개정 저작권법 제140조에서는 '고소'에 대해 규정하면서 아래와 같은 경우에는 비친 고죄를 수용하고 있어서 논란이 되고 있다.

첫째, 영리를 위해 상습적으로 '저작재산권'을 침해하거나 데이터베이스 제작자의 권리를 복제·배포·방송 또는 전송의 방법으로 침해한 경우

둘째, 저작권·저작재산권 및 출판권의 권리 변동·출판권·저작인접권·데이터베이스 제작자의 권리 등에 관한 등록을 허위로 한 경우

셋째, 영리를 목적으로 저작권 및 저작권법이 보호하는 권리의 기술적 보호 조치를 무력화하는 것을 주된 목적으로 하는 기술·서비스·제품·장치 또는 그 주요 부품을 제공·제조·수입·양도·대여 또는 전송하는 경우

친고죄(親告罪)란 "범죄의 피해자나 그 밖의 법률에 정한 사람의 고소(告訴)가 있어야 공소(公訴)를 제기할 수 있는 범죄"를 말하며 강간죄, 명예훼손죄, 모욕죄 등이 대표적이다. 형사상의 범죄는 형사소송법의 규정에 따라 검사만이 공소의 제기, 즉 형사소추(刑事訴追: 검사가 특정 범죄에 대한 피고인을 기소하

여 그 형사책임을 추궁하는 일)할 수 있는데, 이처럼 피해자 등의 고소가 없으면 공소를 제기할 수 없는 범죄를 친고죄라고 한다. 이러한 친고죄의 공소시효는 "범인을 알게 된 날로부터 6개월"이며 고소를 일단 취소한 경우에는 다시 고소할 수 없다.

반면에 '비친고죄'의 경우에는 범죄의 피해자나 고소권자가 아닌 제3자가 수사 기관에 범죄 사실을 신고하여 범인을 처벌해 달라는 의사 표시를 할 수 있는 것으로 이를 '고발'이라고 하는데, 형사소송절차에서는 대체로 고소와 같은 것으로 취급한다. 누구든지 범죄가 있다고 판단되는 경우 관계 기관에 고발할 수 있으나 자기 또는 배우자의 직계존속은 고발하지 못한다. 고발은 제1심 판결 선고 전까지 취소할 수 있으며, 고소와 달리 고발은 취소한 후에도 다시 고발할 수 있다.

개정 저작권법에서 이처럼 기존의 친고죄 부분을 비친고죄로 개정한 이유는 대체로 저작권이 정신적 산물로서 개인의 이익이라는 측면의 가치뿐만 아니라 공익성 또한 매우 높은데, 이러한 저작권 침해에 대한 범죄를 친고죄로 규정하다 보니 이를 침해하는 범죄 행위에 대한 처벌의 실효성이 떨어진다는 점에 있다. 하지만 이런 개정 취지에도 불구하고 비친고죄 규정에 따른 고발의 남용이나 경쟁사끼리 무고가 난무하는 등 악용의 소지가 예상된다는 점에서 향후 시행령 제정에 있어 구체적인 침해 행위에 대한 규정 및 적용 범위를 정할 수 있도록 업계별로 중지를 모아야 할 것이다. 아울러 문화산업 전반의 합의에 의한 저작권윤리위원회의 활성화를 통해 회원사 상호간 고발 남용에 따른 선의의 피해자가 나오지 않도록 최선의 방안을 강구해 나가야 한다는 점을 강조하고 싶다. 만일 무고한 고발인이나 저자에 대한 비친고죄 규정의 악용 사례가 적발되는 경우 고발인의 신분에 관계없이 그가 더 이상 우리 출판업계에 발붙일 수 없도록 내부 규제 장치를 만드는 일이 시급해진 것이다. 법적 규정이나 절차에 문제의 소지가 있다면 이를 보완해 나가려는 업계 차원의 노력이 뒤따를 수밖에 없다는 점에서 저작권윤리위원회의 활동은 매우 중요해질 것으로 판단된다.

한편, 2007년 4월 한국과 미국 사이에 진행되었던 자유무역협정(FTA)이 타결됨으로써 우리 매체산업 전반에도 새로운 변화가 불가피해졌다. 지적재산권 분야가 국제무역의 주요 쟁점으로 등장하면서 저작권 문제 또한 첨예한 국가적 이슈로 떠올랐기 때문이다.

출판권의 개념과 실무상의 여러 가지 문제

출판계약의 유형과 출판권의 개념

저작권법에서 말하는 출판권이란, "저작물을 인쇄 그 밖의 이와 유사한 방법으로 문서 또는 도화(圖畵)로 발행"할 수 있는 권리(제57조)라고 할 수 있다. 그리고 출판자가 이러한 출판권을 얻기 위해서는 그 저작물을 복제 및 배포함에 있어서 원권리자라고 할 수 있는 저작권자와 그에 따른 계약을 맺어야 한다. 현재 우리 출판계에서 많이 이용되었거나 이용되고 있는 출판계약의 유형을 살펴보면 다음과 같다.

첫째, 서면 계약이 아닌 구두 약정의 예를 들 수 있다. 물론 말로써 이루어지는 약정도 계약이 전혀 없었던 상태와는 근본적으로 다르므로 입증할 수만 있다면 법적인 효력을 갖지만, 견해의 차이로 인해 분쟁이 생겼을 경우 객관적 판단의 근거가 없으므로 입증하기 곤란한 지경에 이르는 것이 대부분이다. 따라서 각자 자기에게 유리한 기억과 주장을 내세우기 때문에 정당한 쪽의 권리가 반드시 지켜진다는 보장이 없다.

둘째, 문서에 의한 출판허락계약의 경우를 들 수 있다. 이는 저작권자가 출판자에 대하여 저작물의 이용을 허락하고 출판자는 그 저작물을 이용 형태에 맞게, 즉 출판물의 형태로 만들어 판매의 방법으로 배포하는 것을 약정함으로써 성립되는 계약이다. 그리고 이것은 단순출판허락계약과 독점출판허락계약으로 나눌 수 있다. 단순허락계약은 비독점적이며 비배타적인 효력을 갖는 것으로, 출판권자는 저작권자가 다른 출판자에게 같은 저작물을 출판할 권리를 준다 해도 대항할 수 없는 성격을 띠고 있다. 또한 독점허락계약에 있어서도 채권적(債權的)인 효력밖에 없으므로 계약 위반이 생겼을 경우에 출판권자는 저작권자에 대하여 약속을 지키지 않은 것에 대한 추궁만 할 수 있을 뿐 제3의 출판자에 대하여 직접 항의하거나 출판물 배포의 금지 또는 손해의 배상을 요구할 권리는 주어지지 않는다.

셋째, 출판권설정계약의 유형이 있다. 이는 저작물의 이용허락계약과는 달리 설정계약에 정해진 범위 내에서 저작물을 발행하는 내용의 출판권을 설정하는 계약으로, 저작물의 직접적 지배를 내용으로 하기 때문에 설정출판권자는 그 저작물의 이용에 관하여 당연히 독점적이며 배타적인 권리를 행사할 수 있으며, 소정의 절차를 거쳐 등록을 하게 되면 제3자에게 대항할 수 있는 효력까지도 생긴다.

흔히 저작권법 제3장에서 규정하고 있는 출판권의 보호 조항을 출판허락계약의 경우에도 적용시킬 수 있는 것으로 생각하는 사람이 많은데 그것은 대단히 잘못된 일이다. 즉, 저작권법의 보호를 받기 위해서는 바로 출판권을 설정하는 계약을 맺어야 하는 것이다. 그러므로 출판허락계약에 의한 채권적 권리와 설정출판권이 갖는 준물권적(準物權的)인 배타적 권리를 똑같은 '출판권'이라는 이름으로 혼동하는 것은 이론적으로는 물론 실무에 있어서도 혼란만을 가중시킬 뿐이다. 즉, 저작권법 제2장 제7절에서 규정하고 있는 출판권의 존속 기간, 출판자의 의무, 출판권의 소멸 등에 관한 것은 오늘날 흔하게 행해지고 있는 출판허락계약에는 적용되지 않는다는 점에 유의해야 하며, 저작권법에서 말하는 '출판권'이란 출판할 권리 전반을 가리키는 것이 아니라 출판권설정계약에 의해 생기는 준물권적인 '설정출판권'만을 뜻한다.

그 밖에도 출판과 관련된 복제 및 배포는 물론 저작재산권자가 가지는 일체의 권리를 출판자에게 양도하는 '저작재산권 양도계약'과 저작재산권의 일부인 복제권 및 배포권을 출판자에게 양도하는 '복제·배포권 양도계약'의 유형이 있다. 하지만 이는 저작재산권자의 주요 권리가 출판자에게 양도됨으로써 출판자는 출판뿐만 아니라 다른 이용 형태에 대한 권리까지도 보장 받게 된다는 측면에서 저작재산권자에게는 상당히 불리한 계약이므로, 실제적인 가능성은 별로 없어 보인다. 따라서 저작권자는 출판권자에게 너무 얽매이지 않는 출판허락계약을 선호한다면 출판자로서는 독점적이며 배타적인 권리를 행사할 수 있고 등록에 의해 대항력까지 갖출 수 있는 출판권설정계약 및 양도계약을 맺는 것이 유리하다고 생각할 수 있다.

이처럼 출판권을 획득하는 계약에는 여러 가지 종류가 있을 수 있지만, 궁극적으로 저작권법의 보호를 받을 수 있는 경우는 '출판권설정계약'뿐이다. 이와 관련하여 저작권법 제57조의 규정을 살펴보면 다음과 같다.

제57조<출판권의 설정>

① 저작물을 복제·배포할 권리를 가진 자(이하 "복제권자"라 한다)는 그 저작물을 인쇄 그 밖의 이와 유사한 방법으로 문서 또는 도화로 발행하고자 하는 자에 대하여 이를 출판할 권리(이하 "출판권"이라 한다)를 설정할 수 있다.

② 제1항의 규정에 따라 출판권을 설정 받은 자(이하 "출판권자"라 한다)는 그 설정 행위에서 정하는 바에 따라 그 출판권의 목적인 저작물을 원작 그대로 출판할 권리를 가진다.

③ 복제권자는 그 저작물의 복제권을 목적으로 하는 질권이 설정되어 있는 경우에는 그 질권자의 허락이 있어야

출판권을 설정할 수 있다.

여기서 '설정(設定)'이란 쌍방 간의 계약에 의해 새로이 제한적인 물권(物權) 따위의 배타적 권리를 발생시키는 것을 말하며, 출판권 역시 그러한 설정의 대상임을 나타내고 있다. 한편, 복제의 여러 방법 중에서도 "인쇄 또는 이와 유사한 방법"만을 규정하고 있으므로 녹음 또는 녹화에 의한 복제는 해당되지 않는 것으로 보이며, '문서 또는 도화'라고 하여 그것이 서적이나 잡지 또는 화집(畵集)이나 사진집, 그리고 악보 등을 일컫는 것으로 보인다. 따라서 복제기술의 발달에 힘입어 새로이 선보이고 있는 비종이책, 즉 오디오북 또는 비디오북이라고 일컬어지는 것들이나 CD-ROM, 전자책(e-Book) 등은 해당되지 않는다.

제2항에서는 출판권의 내용에 대해 규정하고 있다. 즉, 출판권은 "설정 행위에서 정하는 바에 따라 그 출판권의 목적인 저작물을 원작 그대로 출판하는 권리"라는 것이다. 여기서 '설정 행위에서 정하는 바'라는 것은 구체적인 계약의 내용을 말하는 것으로, 출판권을 설정하는 계약 행위에 따라 만들어진 계약서에 나타나 있는 내용을 뜻한다. 따라서 출판 시기, 출판 방법, 발행 부수, 인세 조건 등이 그것이며, 출판권자는 그러한 내용대로만 출판권을 행사할 수 있다는 뜻이라고 하겠다. 아울러 "원작 그대로"라는 표현은 저작인격권의 일종인 동일성유지권을 생각하면 되는데, 오자(誤字) 또는 탈자(脫字)

나 맞춤법에서 벗어나는 것을 바로잡는 것은 가능하지만 저작
물의 내용이나 형태가 변하는 것, 즉 번역이나 개작에 의한 출
판 행위는 별도의 설정 행위가 없는 한 불가능한 것이다. 왜냐
하면 저작재산권의 침해 여부와 관계없이 번역 또는 개작에
따른 2차적저작물에 대한 별도의 권리가 번역 또는 개작한 사
람에게 주어지기 때문이다.

제3항에서는 복제권을 목적으로 하는 질권(質權)이 설정되
어 있는 경우에는 질권자의 허락이 있어야만 복제권자가 출판
권을 설정할 수 있음을 규정하고 있다. 따라서 질권이 설정되
어 있음에도 이를 무시하고 출판권을 설정하는 복제권자가 있
을 수 있으므로 출판권을 설정 받고자 하는 사람은 반드시 저
작권 등록부를 확인할 필요가 있으며, 출판권을 설정 받은 후
에는 소정의 절차를 거쳐 설정 내용을 등록하는 것이 좋을 것
이다. 한편, 저작재산권이라 하지 않고 복제권이라고 했음에
도 불구하고 복제권을 포함하는 저작재산권을 목적으로 하는
질권이 설정되었을 경우에도 그 질권자의 허락이 있어야만 출
판권설정이 가능하다는 점에 주의해야 한다.

출판권자의 의무와 존속 기간

저작권법에서 규정하고 있는 출판권과 관련한 규정들은 그
밖에도 여러 가지가 있다.

우선 제58조에서 규정하고 있는 '출판권자의 의무'[10]를 지

나쳐서는 안 된다. 즉, 출판권이 설정되면 일단 복제권자는 제3자를 통한 출판을 할 수 없으므로 출판에 의한 복제권과 배포권의 실질적인 작용을 보호하기 위해서는 출판권자에게 일정한 의무 사항을 부과하는 것이 합리적이라는 취지에서 규정된 것으로 보인다. 이에 따르면 출판권자의 의무 사항은 크게 '9개월 이내에 출판할 의무', '관행에 따라 계속해서 출판할 의무', 그리고 '복제권자를 표지(標識)할 의무' 등의 세 가지로 나눌 수 있다. 이 중에서 '복제권자 표지의무'를 제외한 의무 조항은 출판권자가 복제권자에 대해 지게 되는 일종의 채무이므로 합의에 의한 설정 행위의 정함에 따라 그 내용을 변경할 수 있다. 다만, 설정 행위를 정함에 있어서 이와 같은 의무 조항을 완전히 면제하는 것은—예를 들어, "출판권 존속 기간에 관계없이 출판권자의 형편에 따라 아무 때나 출판한다."라든가, "한 번 출판한 이후로는 출판권자에게는 계속해서 출판할 의무가 없다."라는 식으로—출판권설정의 근본 취지에 비추어 보아 어긋나는 것이므로 무효라고 보아야 할 것이다.

다음으로 제59조[11)]에서는 '저작물의 수정 및 증감'에 대해 규정하고 있다. 즉, 저작자에게는 저작물의 내용에 대한 수정 또는 증감을 할 수 있는 권리가 있다는 것이다. 이는 저작인격권과 밀접한 관련이 있는 것으로 보이며, 그런 까닭에 저작재산권자 또는 복제권자라 하지 않고 '저작자'라고 표현한 것임에 주의해야 한다. 여기서 특히 주의해야 할 것은 특약이 없는 한 저작물에 대한 저작자의 정당한 수정·증감의 권리를 보장하기 위해 출판권자가 저작물을 다시 출판하고자 할 경우에는 그 사실을 미리 저작자에게 알려야 함을 규정하고 있다는 점이다. 이는 저작물에 대한 결정적인 오류를 뒤늦게 발견하였거나 시간이 지나 저작물의 내용을 바꿔야 하는 중대한 사실이 있는 저작자가 새로운 출판의 시기를 알지 못해서 수정 또는 증감을 할 수 없게 되는 경우에 대비하고자 하는 취지로 보인다. 따라서 저작자가 사망하였다거나 특약에 의해 재출판의 시기를 알리지 않기로 하였다면 출판권자에게 이 조항에 따른 통지 의무는 물론 없다. 하지만 이를 위반한 출판권자에 대한 처벌 규정이 없다 하여 이를 위반하거나 의무 이행을 게을리 하여 저작자에게 물질적 또는 정신적 손해가 발생하였다면 그러한 손해에 대한 배상을 별도로 청구할 수 있을 것이다.

또한 제60조[12)]에서 규정하고 있는 '출판권의 존속 기간 등'에 대해서도 유념해야 한다. 여기서는 설정 행위에 특약이 없는 한 맨 처음 출판한 날로부터 3년간 출판권이 존속함을 규정하고 있다. 일반적으로 출판권의 존속 기간에 대해서는 설정 행위로 정하는 것이지만, 만약 그렇게 하지 않았을 경우와 일방적인 출판권자의 욕심 때문에 출판권 존속 기간이 무한대로 설정되었을 경우에 대비한 것이 아닌가 싶다. 즉, 출판권의 존속 기간은 저작물의 성질과 그것을 출판에 이용함으로써 기대되는 실질적인 효용성, 그리고 복제권자와 출판권자의 인간적인 신뢰 정도에 의해 결정되는 것이 합리적이므로 별도의 정함이 없다면 맨 처음 출판한 날로부터 3년간 출판권이 존속하는 것으로 본 것이며, 저작재산권 자체가 길어야 저작자 사후 50년인 점을 감안하더라도 무기한의 출판권이란 있을 수 없으므로 그런 경우에도 맨 처음 출판한 날로부터 3년간만 출판권이 존속하는 것으로 보고 그 이후에는 출판권이 소멸된다고 규정한 것이다.

이러한 출판권의 존속 기간은 출판권설정계약의 유효기간과 일치하므로 그 계약에서 유효기간이 끝났더라도 일정한 기간 내에 서로의 분명한 의사표시가 없는 한 자동적으로 유효기간이 갱신(更新)된다고 정하였다면 출판권 존속 기간 역시 갱신되는 것이다. 따라서 출판권자는 적당한 기간을 정해서 복제권자와 합의하여 출판권 존속 기간을 정해야 하며, 무조건 욕심을 부리다가는 오히려 훨씬 단축된 출판권 존속 기간으로 낭패를 볼 수도 있다고 하겠다. 여기서 "맨 처음 출판한 날"이라는 것은 출판권설정 후에 저작물의 복제물인 출판물이 서점 등에 유통되어 구매 가능한 상태에 놓인 것을 말하므로 발행 및 배포가 완전하게 이루어진 날을 뜻하며, 일반적으로는 서적 등의 판권에 적혀 있는 초판 1쇄의 발행일을 뜻한다고 할 것이다.

또 저작권법 제61조[13)]는 출판권자가 의무 사항을 제대로 이행하지 않았을 때나 그 밖의 사유로 출판이 불가능하다고 판단될 때에 할 수 있는 복제권자의 '출판권의 소멸통고'에 대해 규정하고 있다. 먼저, 출판권자가 '9개월 이내의 출판의무' 또는 '계속출판의 의무'를 위반했을 경우에 다시 한 번 6

개월 이상의 기간을 정해서 성실히 이행할 것을 알린 다음, 그래도 이행하지 않을 경우에는 출판권의 소멸을 통고할 수 있음을 규정하고 있다. 이는 출판을 목적으로 설정된 출판권의 특성을 감안한 것으로, 정해진 기간 내에 출판이 이루어지지 않거나 품절 상태로 인해 저작물의 복제물을 구할 수 없는 상태에 있다면 출판권을 설정한 복제권자의 입장에서 보아 좀 더 나은 경제적 이익을 위해 유명무실한 출판권을 소멸시키고 새로운 출판권을 설정하는 것이 바람직할 것이다. 여기서 '9개월 이내 출판'이란 설정 행위에서 특약이 없는 경우만을 뜻하므로 설정 행위를 정함에 있어서 그 기간을 2년으로 하였다면 2년 이내에 출판하지 않은 경우에 의무 위반이 되는 것이며, 계속출판의 의무 역시 설정 행위에 별도의 약정이 있다면 그것에 따라서 판단해야 함은 당연한 것이다.

　한편으로는 출판권자의 사정으로 보아 출판 자체가 불가능하거나 출판권자에게 출판할 의사가 없는 것이 명백한 경우에는 의무의 이행을 촉구할 필요도 없이 즉시로 출판권 소멸을 통고할 수 있다고 규정하고 있다. 여기서 출판이 불가능하다거나 출판할 의사가 없다는 것은 출판권자가 아닌 복제권자가 판단하는 것이므로 그 기준이 엄격하게 해석되지 않으면 악용될 소지도 있다. 우선 객관적인 측면에서 "출판권자가 출판이 불가능한" 경우라 함은 출판사가 자금 사정이 악화되어 문을 닫을 상황이라거나 그와 비슷한 처지여서 도저히 출판 업무를 수행하지 못하는 경우, 또는 출판권자가 사망하거나 투옥되어

본의 아니게 출판이 어려워진 경우 등을 말하는 것이다. 또한 "출판권자가 출판할 의사가 없음이 명백한" 경우라 함은 출판권자 스스로 출판을 하지 않겠다는 의사 표시를 해온 경우를 포함하여 출판사를 제3자에게 매각하려는 경우, 또는 특정의 저작물에 대하여 고의로 출판하지 않는 것이 역력한 경우 등을 말하는 것으로, 복제권자 자신의 주관적인 판단이라기보다는 일반적인 관행에 비추어봤을 때 분명하다고 여겨지는 판단의 경우를 말한다고 하겠다.

또 저작권법에서는 출판권 소멸 이후에 복제권자가 출판권자를 상대로 행사할 수 있는 '원상회복청구권'과 그로 인해 입은 손실에 대한 '손해배상청구권'에 대해 규정하고 있다. 여기서 말하는 '원상회복'이란 출판권이 설정되기 이전의 상태로 회복시키는 것을 말하는 것으로, 출판을 위해 제공된 원고를 원래대로 챙겨서 반환하는 것은 물론 출판권설정 등록이 되어 있으면 등록을 말소해야 하고, 출판권을 목적으로 하는 질권이 설정되었다면 이를 소멸시켜야 하며, 만일 이미 출판된 복제물이 있다면 별도의 약정이 없는 한 모두 폐기시켜야 하는 것을 뜻한다.

또한 출판권의 소멸로 출판이 중지됨에 따라 복제권자가 입을 수 있는 손해, 즉 출판의 기회를 잃음으로써 다른 곳에서 출판하였을 경우 얻을 수 있는 통상의 이익을 놓쳤다든가, 그로 인해 정신적으로 심한 타격을 받았다는 등의 입증 가능한 손해에 대해서는 민사 소송을 통해 적절히 손해의 배상을 청구할 수 있다. 한편, 출판권이 소멸한 후에도 이미 지불된 저작권사용료(인세)에 상당하는 출판물은 계속해서 배포할 수 있음은 물론이다.

그 밖에도 제62조[14]의 규정에 따라 출판권자는 '출판권 소멸 후의 출판물의 배포'에도 주의해야 한다. 만일의 상황에 대비해서 계약서에 관련 조항을 넣어 두는 것이 합리적일 것이다.

공중송신권과 출판권의 등록

요사이 전자책(e-Book) 시장이 열리면서 출판의 개념이 확장되고 있다. 그러나 앞서 살핀 것처럼 현행 저작권법 규정에 의하면 전자책은 출판권자의 권리에 포함되지 않는다. 따라서 출판권설정계약을 맺더라도 종이책이 아닌 전자책 부분은 출판권이 아닌 '공중송신권'의 영역이어서 설정 등록이 되지 않으며 다만 이용 허락에 해당할 뿐이다. 이 점에 유의하여 계약을 해야 하며, 전자책에도 출판권과 같은 효력을 부여한다 해도 출판권자의 의무 조항에 따라 9개월 이내에 전자책을 발행하지 못한다면 계약의 무효를 초래할 수 있으므로 주의가 요망된다. 한편, 저작권법에서 출판권과 관련하여 등록해야만 제3자에게 대항할 수 있음을 규정(제63조)하고 있다는 점에 주의해야 한다. 이때의 출판권 등록은 출판권의 효력 발생을 위한 요건이 아니라 단순히 제3자에게 대항하기 위한

수단으로서 거래의 안전을 위한 장치에 불과하지만, 만일 출
판권을 둘러싼 분쟁, 특히 이중 계약 같은 문제가 발생할 경
우 설정 사실이 등록된 출판권자의 권리가 우선한다는 점을
주의해야 한다.15)

판례를 통한 실무사례 분석

회복저작물과 출판권

　‘갑’이라는 출판사에서 2004년도에 저명한 미국 학자의 저서를 번역·출판하기 위해 해당 저작권자와 독점적인 번역출판계약을 맺고 한국에서 번역 도서를 출판했는데, 얼마 지나지 않아 이미 1993년도부터 ‘을’이라는 출판사에서 같은 도서를 번역 출판해서 시판 중인 사실을 알게 되었다. 원저작권자에 의하면 예전에 한국 내 어느 출판사와도 번역출판계약을 체결한 사실이 없다고 한다. 그래서 갑이 을에게 해당 도서의 출판 중지를 요청했으나 을은 1993년도부터 출판했기 때문에 법률상 아무런 잘못도 없다고 한다. 어떻게 된 일일까?

먼저, '회복저작물'에 대해 이해할 필요가 있다. 우리나라는 1995년도에 WTO/TRIPs협정(세계무역기구 지적재산권협정)에 가입한 바 있다. 이에 따르면 WTO(세계무역기구) 회원국은 베른협약 제1조부터 제21조까지 준수할 것을 규정하고 있다. 이 협정에 따라 우리는 1995년 12월 6일 저작권법을 개정하여 1996년 7월 1일부터 외국 저작물을 소급해서 보호하게 되었으며, 그 결과 개정법 시행 이전의 외국 저작물까지 국내에서 보호 받게 되었는데, 그러한 저작물을 '회복저작물'이라고 부르게 된 것이다. 이처럼 회복저작물까지 소급해서 보호하게 되자 국내 이용자들에게 부담이 커지게 되었고 이를 완화하기 위해 개정 저작권법 부칙에서 몇 가지 특례 규정을 두고 있다.

예컨대, 부칙 제4조에서는 '회복저작물 등의 이용에 관한 경과조치'를 규정하면서 "회복저작물 등을 원저작물로 하는 2차적저작물로서 1995년 1월 1일 이전에 작성된 것은 이 법 시행 후에도 이를 계속하여 이용할 수 있다. 다만, 그 원저작물의 권리자는 1999년 12월 31일 이후의 이용에 대하여 상당한 보상을 청구할 수 있다."라고 명시하고 있다. 여기서 '1995년 1월 1일 이전에 작성된 것'이란 1995년 1월 1일 이전에 번역물 등 2차적저작물을 작성 완료해서 발행한 것은 물론 그 이전에 2차적저작물의 작성을 완료하여 원고를 보관하고 있다가 그 이후에 발행(출판)한 것도 포함된다. 이에 따라 어느 시

점에서 번역원고(2차적저작물)의 작성을 완료했느냐 하는 점, 그리고 그것을 어떻게 입증하느냐 하는 점이 매우 중요하다.

앞의 예에서 을이 1993년도에 번역 도서를 발행했다는 것은 이미 번역원고의 작성을 그 이전에 완료했다는 것을 의미한다. 따라서 '을' 출판사의 번역본은 1995년 1월 1일 이전에 작성된 것이 분명하므로 개정법 부칙 제4조에서 말하는 회복저작물에 해당한다. 결국 을은 비록 원저작물의 저작권자로부터 이용 허락을 얻은 사실은 없지만 그의 번역 출판은 정당하며 계속 출판할 수 있다. 그러나 2000년도 이후의 이용에 대해서는 원저작물의 저작권자가 청구하게 되면 을은 그에게 상당한 보상금을 지급해야 한다.

'갑' 출판사는 원저작물의 저작권자가 아니므로 '을' 출판사를 상대로 보상청구권을 행사할 수는 없지만 저작권자의 권리를 위임 받아 2000년도 이후의 보상금에 대해 청구권을 행사하는 방법은 있다. 그러나 그 보상금으로 번역출판계약을 맺으면서 원저작권자에게 이미 지급한 저작권 사용료를 만회한다거나 손해를 충당하기에는 어려울 것으로 판단된다.

서예작품과 저작권

광고를 비롯한 각종 상품 디자인을 함에 있어 디자이너가 모든 것을 창작해서 그 제품의 미려함을 제대로 강조할 수만 있다면 지적재산권과 관련한 문제는 전혀 생길 염려가 없다.

그러나 '모방은 창조의 어머니'라는 말이 있듯이 완전한 창작이란 어려운 것이고 보면 때로는 아슬아슬한 모방이 있을 수밖에 없는 것이 미술을 포함한 모든 예술 장르의 실정이다. 특히 시간에 쫓기게 마련인 상업 디자인의 세계에서는 더욱 모방 관행이 두드러져서 때로는 지나치다 싶은 디자인을 많이 만나게 된다. 그런데 단순한 모방이 아니라 여러 작품 속에서 독특한 부분만을 모아서, 즉 짜깁기해서 하나의 작품을 만든다면 어떻게 될까. 물론 '소재의 선택과 배열에 있어서 창작성이 인정되는 저작물'이라면 그것은 '편집저작물'이라 해서 별도의 저작물로 보호 받을 수 있다. 이 경우 각각의 부분이 되는 원자적물 저작권자로부터 허락을 받아야 한다는 전제는 여전히 유효하다.

그럼에도 우리 주변을 보면 이러한 관행을 교묘히 이용해서 웬만해서는 그 원전을 찾아낼 수 없도록 철저하게 원작들을 건드리는 경우가 있는가 하면, 아예 원저작물의 저작권을 무시한 채 자기 세계만을 앞세우는 경우도 있다. 아무렇게나 가로 혹은 세로로 지른 선 하나만으로도 자기 영역을 나타낸다고 주장하거나 남의 작품에 자기만의 독특한 사상을 덧입혔으므로 새로운 창작물이라거나 '패러디'라고 억지 주장을 펼치는 경우까지 생겨난다. 대표적인 경우가 바로 '서예'라고 할 수 있다. 서예(예술성이 가미된 글씨체)는 열심히 연구하고 노력한 서예가일수록 나름대로 자기 세계를 구현할 수 있음에도 대개의 사람들은 흉내 내는 것만으로 글씨체의 미려함을 자랑하곤

한다. 그런데 현행 저작권법에 따르면 글씨체도 하나의 미술 저작물로서 그것의 가치를 저작권으로 보호 받는다.

법원 판례에 따르면 "서예가가 연구하고 체계화한 글씨체로 작품화한 서체는 서예가의 사상 또는 감정을 창작적으로 표현한 지적·문화적 정신 활동의 소산으로서 하나의 독립적인 예술적 특성과 가치를 가지는 창작물"이라는 것이다. 실제로 영화 등을 홍보하는 광고용 포스터를 디자인함에 있어 거기에 사용된 글자가 서예 작가의 작품에서 발췌한 것이라면, 더 나아가 그것의 도급을 준 광고주가 거기에 사용된 글자가 저작권자의 승낙 없이 복제되어 사용되었음을 알고 나서도 그 사용을 중단하는 등의 아무런 조치를 취하지 않은 채 계속하여 그것에 사용된 글자를 영화 필름, 홍보물, 소설 표지 등에 사용하였고 그 사용에 있어서도 저작자의 성명을 표시하지 않았다면 저작자의 저작재산권과 저작인격권을 침해한 것이라는 판결이 있어 주목된다.

<판례> 영화 "축제" 광고 사건
- 서울고등법원 제4민사부 1997. 9. 24. 판결, 97나15236 저작권 침해 금지 -

① 사건 개요
'갑'은 모 대학 서예과 교수로 재직 중인 서예가로서, 궁체에 대비되는 필체에 관심을 두어 일반 백성들의 글씨체

에 바탕을 두어 글씨체가 독특하고 개성이 있는 이른바 '민체'를 연구하고 체계화하는 데 노력을 기울여 왔다. 아울러 그는 이러한 서체를 실제로 자기 나름의 작품으로 형상화하여 왔는데, 1994년 5월경 서울 예술의 전당에서 열린 제7회 한국서예청년작가에 '민체'로 작품화한 '춘향가'를 출품한 바 있다.

'을'은 영화사로서 소설가 모씨의 소설을 원작으로 삼아 「축제」라는 제목의 영화를 제작하여 1996년 6월 초순경부터 이를 전국 극장가에서 상영했는데, 이 영화의 필름, 홍보물, 광고물에 영화 제목인 '축제'라는 글자를 기재함에 있어 갑이 쓴 위 '춘향가'의 본문 글자 중에서 복제된 '축'자와 '제'자로 이루어진 글자를 사용했다.

'병'은 모 출판사 경영인으로서 1996년 4월 25일경 위 영화의 원작소설인 유명 소설가 모씨가 저작한 소설『축제』를 출판하게 되었는데, 이 소설의 표지, 홍보물, 광고물에 소설 제목인 '축제'라는 글자를 기재함에 있어 마찬가지로 이 사건 글자를 사용했다.

이처럼 을과 병은 갑이 쓴 이 사건 글자를 위와 같이 영화와 소설의 홍보물 등에 사용함에 있어 원고로부터 그 사용 승낙을 받지 않았고, 이 사건 글자가 기재된 위 '춘향가'에는 갑의 성명이 표시되어 있으나, 을과 병은 위 홍보물 등에 갑의 성명을 표시하지 않았다. 이런 사실을 확인한 갑은 을과 병을 상대로 저작인격권상 성명표시권 침해를 이유로 금전적인 배상을 요구하는 동시에 명예를 훼손했다는 이유

로 사과의 뜻을 표시한 광고를 중앙 일간지에 특정의 크기
로 게재할 것을 요구하는 소송을 제기하기에 이르렀다.

② 법원의 판단
우선 이 사건을 담당한 1심 재판부와 항소심을 담당한 2
심 재판부는, 갑이 쓴 위 '춘향가'의 서체는 갑의 사상 또는
감정을 창작적으로 표현한 지적 문화적 정신 활동의 소산으
로서 하나의 독립적인 예술적 특성과 가치를 가지는 창작물
임을 인정하였고, 따라서 갑에게는 이 사건 글자를 포함한
위 '춘향가'의 서체에 대하여 저작재산권과 저작인격권이
있다고 판시하였다.
갑은 을과 병이 위 '춘향가' 중에서 이 사건 글자를 갑의
승낙 없이 복제해서 사용함으로써 자신의 서예 작품에 따르
는 저작재산권과 저작인격권을 침해했다고 주장했는데, 이
에 대해 을과 병은 전문 디자이너에게 위 영화에 대한 포스
터 디자인 제작을 의뢰한 다음 디자이너가 제작한 포스터
디자인을 사용했을 뿐이므로 을과 병이 이 사건 글자에 대
한 갑의 저작권을 침해한 것은 아니라고 항쟁하였다.
이에 대해 재판부에서는 을이 1996년 4월경 디자이너에
게 영화「축제」에 대한 포스터 디자인 제작을 의뢰한 바 있
고, 디자이너는 이 사건 글자가 포함된 포스터 디자인을 제
작해서 을에게 공급하고 을은 위 디자인에 따라 위 영화의
필름에 이 사건 글자를 사용해서 '축제'라는 영화 제목을
기재하고 위 영화에 대한 홍보물, 광고물을 제작하여 배포

한 사실, 병은 소설 『축제』를 출판하면서 을에게 소설 표지 디자인에 위 영화의 홍보물 등에 사용된 서체와 동일한 서체를 사용해도 되는가에 대해 문의하여 을로부터 그 사용 승낙을 받아 소설 표지, 홍보물 등에 이 사건 글자를 사용한 사실을 인정하였다.

아울러 재판부에서는 영화 포스터 디자이너는 위 영화 상영 1개월 전인 1996년 5월경 을에게 위 포스터 디자인의 시안을 보여 주면서 위 포스터 디자인상의 이 사건 글자가 자신이 잘 아는 청년 작가의 작품에서 발췌한 것임을 구두로 전달했고, 이에 대해 을은 디자이너에게 그 사용 승낙을 받았는가 물어 보지 않은 채 그대로 위 시안을 채택한 사실을 확인하는 한편, 갑은 같은 해 6월 8일경 영화 「축제」에 대한 광고물을 보고서 같은 달 10일 을에게 위 광고물에 사용된 이 사건 글자는 갑이 쓴 것으로서 갑으로부터 그 사용 승낙을 받지 않고 사용한 데 대해 항의했으나 을은 갑으로부터 위와 같이 항의를 받고서도 이미 광고물 등이 제작, 배포되었다는 이유로 이 사건 글자를 다른 서체로 바꾸거나 위 광고물 등에 원고의 성명을 표시하는 등의 조치를 취하지 않은 채 계속하여 영화를 상영하고 광고물을 배포하였으며, 이에 갑은 같은 달 24일경 다시 을에게 항의했으나 을은 같은 해 7월 10일경 위 영화가 종영되고 그 비디오테이프가 출시될 때까지 아무런 조치를 취하지 않은 사실, 병 또한 같은 해 6월 17일경 갑으로부터 소설 표지 등에 사용된 이 사건 글자는 갑의 작품이라는 항의를 받고도 위와 같은 조치를 취하지 않고 있다가 갑이 같은 달 24일경 다시 항의하자 1996년 7월 3일경 비로소 위 소설 표지의 소설명을 다른 서체로 변경하였는데 그 무렵까지 제작된 소설 『축제』는 모두 88,000여 부라는 사실 등을 확인하였다.

위 인정 사실에 의하면 을은 1996년 6월 10일경 갑으로부터 항의를 받아 이 사건 글자가 갑의 승낙 없이 복제되어 사용되고 있음을 알게 되고서도 그 사용을 중단하는 등의 아무런 조치를 취하지 않은 채 계속해서 이 사건 글자를 위 홍보물 등에 사용하고 그 사용에 있어 갑의 성명을 표시하지 않았고, 병 또한 같은 달 17일경 갑으로부터 항의를 받아 이 사건 글자가 갑의 승낙 없이 복제되어 사용되고 있음을 알고서도 그 사용을 중단하는 등의 아무런 조치를 취하지 않은 채 이 사건 글자를 위 소설 표지 등에 사용하고 그 사용에 있어 갑의 성명을 표시하지 않음으로써 을과 병은 적어도 위 각 시점부터는 갑의 저작재산권과 저작인격권(성명표시권)을 침해한 것이므로, 을과 병은 그들의 홍보물 등에 이 사건 글자를 사용해서는 안 되고 또 그 침해로 인한 제작품을 폐기해야 하며, 이 사건 글자에 대한 갑의 저작인격권을 침해함으로써 갑이 입은 손해(원고는 저작재산권의 침해로 인한 손해배상은 구하지 않았다)를 배상할 의무가 있다고 판단하였다.

결국 재판부는 위와 같은 근거에 따라 을에 소속된 광고담당자들이 갑으로부터 사전에 아무런 승낙을 구함이 없이 이 사건 글자가 들어 있는 광고를 일간지 등에 그대로 게재한 행위는 갑의 저작인격권을 침해하는 불법 행위이므로 을은 위 광고 담당자들의 사용자(使用者)로서 갑에게 그로 인한 손해를 배상할 책임이 있다고 판결하였다.

③ 판례 분석

재판부에서는 갑이 자신의 서예 작품에 대한 저작인격권의 침해로 인해 상당한 정신적 고통을 받았을 것임은 경험칙상 명백하므로 을과 병은 이를 금전으로 위자할 의무가 있다고 판단하고, 그 액수에 관해서는 저작권자인 갑의 나이, 직업, 경력, 을과 병의 위 광고물 등의 제작 경위, 갑의 항의에 따른 을과 병의 조치 및 저작인격권(성명표시권) 침해 정도, 기타 이 사건 변론에 나타난 제반 사정을 참작하면 을은 1000만 원, 병은 100만 원으로 각각 정하는 것이 합리적이라고 판결하였다.

한편, 갑은 또 을과 병이 위 저작인격권 침해로 인해 갑의 명예가 훼손되었음을 전제로, 갑의 명예회복을 위한 조치를 구하고 있는데, 저작자는 고의 또는 과실로 저작인격권을 침해한 자에 대해 명예회복을 위해 필요한 조치를 청구할 수 있으나(저작권법 제95조), 위에서 말하는 명예라는 것은 저작자가 그 품성, 덕행, 명성, 신용 등의 인격적 가치에 관해 사회로부터 얻고 있는 객관적 평가, 즉 사회적 명예를 의미한다 할 것이고, 저작자가 자기 자신의 인격적 가치에 관해 가지는 주관적인 평가, 즉 명예감정은 이에 포함되지 않는다고 해석해야 한다고 판시하면서, 을과 병이 영화 제목이나 소설 표지 등에 이 사건 글자를 사용한 점과 그 사용에 있어 갑의 성명을 표시하지 않은 점만으로는 갑의 명예를 훼손했다고 보기 어렵고, 증빙 자료로 보아도 을과 병의 저작인격권 침해로 인해 갑의 명예가 훼손되었음을 인정하기 부족하며 달리 이를 인정할 아무런 증거가 없으므로 갑의 주장은 나머지 점에 대해 나아가 살필 필요가 없다고 판결하였다.

2차적저작물의 창작성

저작권법에서 보호하는 저작물이란 창작적인 표현을 보호하는 것이므로 2차적저작물도 저작권법에 의한 보호를 받기 위해서는 창작성이 있어야 한다. 그러나 창작성이란 추상적인 용어로서 명확한 기준이 있는 것은 아니다. 우리나라에서 2차적저작물의 창작성에 대한 일반적인 견해는 "2차적저작물은 원저작물에 대해 사회 통념상 별개의 저작물이라고 할 정도의 실질적인 개변(substantial variation)을 한 것이라야 하며, 단지 맞춤법에 맞게 구두점을 첨가하거나, 용어를 약간 변경하는 등 기존 저작물에 다소 수정·증감을 한 것에 불과한 것은 원저작물의 복제물에 불과하고 2차적저작물로서 성립할 수 없다."[16]는 것이다. 따라서 기존의 악곡에서 리듬만을 변형하거나, 반주의 베이스에 약간의 변형만을 주는 것 등은 2차적저작물이 될 수 없다.

<판례> '꼬마 철학자' 사건

　－ 서울민사지방법원　제16부　1988.3.18.판결,　87카53920
출판물인쇄금지등가처분 －

　　A는 출판사를 경영하는 사람으로, 프랑스 작가 알퐁스 도데의 소설 *Le petit chose*를 출판사의 직원인 '갑'에게 번역을 의뢰하여 1987년 3월에 제호『꼬마 철학자』, 지은이 '알퐁스 도데', 옮긴이 '갑', 펴낸이 'A'로 표시한 후 출판했다. 그런데 또 다른 출판사를 경영하는 B가 역시 같은 원작소설의 번역을 '을'에게 의뢰해서 1987년 11월에 제호『위대한 꼬마 철학자』, 저자 '알퐁스 도데', 역자 '을', 발행인 'B'로 표시한 후 출판했다.

　　이에 A는 B가 출판한『위대한 꼬마 철학자』가 자신이 발행한『꼬마 철학자』를 무단복제(표절)한 것이 명백하다고 주장하며 B를 상대로 B가 출판한 책에 대한 '출판물인쇄등처분금지가처분'을 신청하게 되었다. 법원에서는 A의 신청이 이유 있다고 판단하고 B가 출판한 서적의 인쇄·제본·판매 및 배포를 금함과 동시에 이미 만들어진 책과 만들고 있는 책은 물론, 출판에 필요한 필름 등을 압수하라는 판결을 내렸다.

　　한편, 무단복제에 대해서 B는 두 서적의 표현에 있어서 동일하거나 비슷한 부분이 있다고 하더라도 이는 동일한 원작 소설을 번역하는 과정에서 생긴 우연의 일치라고 주장했다. 그러나 법원에서는 원작 소설의 문체가 간결하고 그 내

용에 있어서 생략과 논리의 비약이 심해서 그 자체의 번역
도 어려울 뿐만 아니라 이를 직역할 경우 그 내용을 이해하
기가 매우 어려워 전체적인 문맥의 연결과 문학성을 고려해
서 원문 자체를 상당히 의역하는 한편 원문에는 없는 부분
도 창작해서 첨가했다는 A의 주장을 먼저 인정했다. 그런데
B가 발행한 책에서 A의 책에 표현된 의역 및 창작 부분까
지도 수백 군데에 걸쳐 동일 또는 유사하게 나타나고 있는
것으로 보아 엄연한 '무단복제'(표절)라고 판단한 법원에서
는 B의 저작권을 침해한 사실을 인정하기에 이르렀다.

편집저작물의 저작권

저작권의 귀속 주체

편집저작물의 저작자란, "당해 편집물의 창작활동에 주체
적으로 관여한 자"를 말한다. 창작성의 기준인 소재의 선택
혹은 배열을 행한 자가 저작자란 뜻이다. 이외에 편집 방침을
결정하는 것도 소재의 선택·배열을 행한 것과 불가분의 관계
에 있어 소재의 선택·배열의 창작성에 기인하는 것이라고 본
다면, 편집 방침을 결정한 사람도 당해 편집저작물의 저작자
로 보아야 한다.[17] 또 편집 작업에 관여했으나 소재의 선택
혹은 배열에 관여하지 않았다면 저작자로 볼 수 없다. 예컨
대, 북디자이너로서 책의 레이아웃에 관여한 것은 편집저작
물에 있어서 배열에 창작성이 인정되는 저작 행위를 한 것이

아니다.

한편, 편집저작물의 작성 과정에는 다수인이 관여하며, 어떤 단체에 소속되거나 타인에게 고용되어 창작되는 경우가 많다. 다수인이 관여하는 경우에는 편집저작물상 공동저작자로 보아야 할 것이며, 그 다수인이 출판사 같은 회사나 법인에 근로자로서 근무하고 있는 경우에는 단체명의저작물에 해당되어 법인 등 단체에 편집저작권이 귀속되는 경우도 있을 것이다.

소재상 저작권자와의 관계

편집저작물의 보호는 그 편집저작물의 구성 부분이 되는 저작물의 저작자의 권리에 영향을 미치지 않는다. 누군가가 편집저작물을 무단으로 이용한다면 편집저작물 자체의 저작권 침해뿐만 아니라 그 편집저작물의 구성 부분이 되는 저작물, 즉 소재별 저작권 침해도 제기될 수 있다. 그렇다면 편집저작물의 저작권이 인정되기 위해서는 소재의 권리자로부터 동의를 구해야만 하는가 하는 문제가 생기는데, 우리 법에서는 적법하게 편집저작물이 작성될 것을 요건으로 하지 않는다. 2차적저작물의 경우와 마찬가지로 구성 부분의 저작권자에게 저작권 침해의 책임을 지는 것은 별도로 하고, 구성 부분상 저작권자의 동의는 편집저작물의 성립과는 무관하다.

편집저작물상 저작자가 갖는 권리

편집저작물상 저작권은 창작적인 표현, 즉 소재의 선택 혹은 배열상 창작적인 부분을 보호하기 위해 주어지는 권리이다. 따라서 편집저작물상 저작권은 제3자가 이러한 선택 혹은 배열을 전체적이거나 실질적으로 유사하게 이용했을 경우 침해 문제가 대두된다. 단지 개별적인 구성 부분이 이용되었다면 편집저작물의 저작권 침해가 아니며, 이용된 구성 부분들이 보호되는 선택 혹은 배열이 반영된 경우에야 침해가 된다.

여기서 편집저작물이 부분적으로 무단 이용된 경우 편집저작물상 권리자의 보호 범위가 문제될 수 있다. 우리 판례(대법원 1993.1.21. 고지, 92마1081 결정)에 따르면 "편집저작물을 전체로 이용(복제)해야 저작자의 권리를 침해하는 것이 아니라 그 편집물 중 소재의 선택이나 배열에 관해 창작성이 있는 부분을 이용하면 반드시 전부를 이용하지 않아도 저작권의 침해"라고 판시한 것처럼 부분적인 편집저작물의 이용에서 창작성이 인정되는 소재의 선택 혹은 배열이 이용되었는가의 여부가 쟁점인 것이다. 결론적으로, 비록 편집저작물의 일부분에 불과하다 하더라도 그것이 소재의 선택 또는 배열에 있어서 편집저작물의 일부라는 점이 연상·감지된다면 편집저작권의 침해로 볼 수 있다.

한편, 소재의 선택 혹은 배열에 창작성이 인정되는 부분을 이용하되 소재를 달리한다면 이 또한 편집저작권 침해라고 봐야 하는가, 즉 다른 소재를 선택하면 편집저작권의 침해가 되지 않는가 하는 문제가 제기될 수 있다. 먼저, 법리상 소재가 다르더라도 편집저작물의 표현의 동일성이 인정되는 경우에는 저작권 침해가 된다. 다만, 편집저작권에 있어서도 보호의 대상이 되는 것은 소재의 선택·배열이라고 하는 추상적인 아이디어 자체가 아니라 소재의 선택과 배열에 대한 구체적인 표현형식이다. 결국 소재를 달리한다 해도 편집저작권을 침해할 수 있는 것이다. 그러나 소재를 선택하거나 배열함에 있어 달리 방법이 없는 경우에는 그것이 편집저작물로 인정될 가능성 자체가 희박하다. 예컨대, 회사 상품의 사진 등이 실린 카탈로그에서 소재가 전혀 다른 카탈로그의 경우 편집저작권 침해로 보기 어렵다.

제호(題號)의 저작물성 및 저작권법상 제호의 의미

제호란 저작물의 제목을 일컫는 말이다. 이러한 제호는 저작물의 내용을 집약하여 짧은 문구로 표현한 것이므로, 이를 무단으로 변경한다면 저작자에게는 사실상의 인격적 침해가 될 수 있다. 나아가 주제나 내용과는 상관없이 저작물의 상업적 이용만을 위해 제호를 무단으로 바꾸게 될 경우에는 더욱 심각한 문제가 생길 수도 있다. 그런데 원래 제호 자체는 저작권법에서 보호하는 저작물이 아니므로 저작물을 작성하는 사람이 다른 저작자의 제호를 무단으로 사용하더라도 저작권 침해가 성립되지 않는다. 제호를 독립적인 저작물로 인정하지 않는 이유는 저작권법 제정의 취지에서 찾아볼 수 있다. 즉, 저작권을 보호하는 궁극적인 목적은 문화의 향상 발전인데, 만약에 모든 제호를 저작물로 인정할 경우에, 예를 들어, 어떤 사람이 '사랑'이란 제목으로 글을 썼다면 이후에는 그 누구도 '사랑'이란 제목으로는 저작 행위를 할 수 없을 것이므로 엄청난 혼란이 일어남으로써 문화의 향상 발전보다는 일부에 의한 독점 현상 때문에 폐해가 생길 수 있기 때문이다.

물론 일부 국가에서는 매우 독창적인 제호에 대해서는 독립적인 저작물로 인정하여 보호하기도 한다.[18] 하지만 우리나라에서는 저작물의 제호에 한해서는 저작물성을 인정하지 않고 있다.[19] 다만, 그것이 저작물의 내용과 어울릴 경우에는 저작인격권으로서의 동일성유지권의 대상이 된다는 점에 주의해야 하는 것이다.

　<판례> "행복은 성적순이 아니잖아요" 사건
　- 서울민사지방법원 제11부 1990.9.20. 판결, 89가합62247 손해배상 -

　① 사건 개요
　A(원고)는 무용극(舞踊劇)의 창작안무가로서 「행복은 성적순이 아니잖아요」라는 제명(題名)의 무용극을 창작, 무대에 올려 널리 알려지게 되었다. 이에 영화제작자인 B(피고)

는 A의 승낙을 받아 위 무용극과 같은 제명의 영화를 제작
하여 흥행에 성공하게 되었고, 이후 B는 C로 하여금 자신이
제작한 영화의 시나리오를 바탕으로 같은 제명의 소설을 집
필하게 한 다음 이를 책으로 간행함으로써 좋은 반응을 얻
어 대량의 판매 부수를 기록하게 되었다.

한편, 이러한 B의 행위에 대해 A는 위 영화 및 소설에
원저작자로서의 자기 성명을 표시하지 않음으로써 자신의
저작인격권이 침해되었다고 주장하면서, 이에 대한 위자료
의 지급과 함께 사과 광고의 게재, 그리고 B와의 영화제작
허락계약상의 저작권사용료 및 위 소설의 무단 발행으로 인
한 손해배상을 청구하는 소송을 제기하기에 이르렀다.

이에 대해 B는 영화를 제작함에 있어서 A로부터 위 무용
극의 제명만을 정당하게 매수(買收)하여 자신이 제작한 영
화의 제명으로 삼았을 뿐 A의 무용극 자체는 전혀 고려의
대상이 되지 않았으므로, 위 무용극을 원작으로 해서 영화
를 제작하기로 했다거나 그에 따른 원작 사용료를 지급하기
로 한 사실은 전혀 없다고 주장했다. 이에 대해 재판부에서
는 A(원고)의 청구를 기각하는 판결을 내렸다.

② 판결 이유

A의 승낙은 무용극 자체를 영화화하는 것이 아니고 무용
극의 제명만을 영화에 사용하는 것을 승낙한 것으로 인정되
므로 A의 영화화허락계약의 체결을 전제로 한 저작권 사용
료의 지급청구는 이유가 없다. 또한 제명은 사상이나 감정

의 표현이라고 볼 수 없어서 저작권 보호의 대상이 될 수 없으므로 같은 제명을 사용한 영화 및 소설의 제작이 저작권을 침해한 것이라고 볼 수 없다.

다음으로, 어떤 저작물이 원작에 대한 2차적저작물이 되기 위해서는 단순히 사상·주제·소재가 같거나 비슷한 것만으로는 부족하고, 두 저작물 사이에 실질적 유사성 즉, 사건의 구성(plot) 및 전개 과정과 등장인물의 교차 등에 공통점이 있어야 한다. 그럼에도 A의 무용극과 B의 영화 및 소설은 등장인물과 사건 전개 등 실질적인 구성면에 있어서 현저한 차이가 있으므로 원작 및 2차적저작물의 관계를 인정할 만한 근거가 없다. 따라서 A의 원작 및 B의 2차적저작물 무단 작성을 전제로 한 A의 청구 부분 역시 이유가 없으며, B의 영화 및 소설은 A의 무용극에 변경을 가한 것이 아닌 독창적인 저작물이므로 A의 저작물에 대한 동일성유지권 침해 역시 있을 수 없다.

다만, 제목과 관련해서 주의할 점은 그 자체가 저작권의 보호 대상은 아닐지라도 저작인격권상의 동일성유지권을 침해해도 좋다는 뜻은 절대로 아니라는 점이다. 즉, 잡지나 신문 등에 종사하는 실무자들이 아무 생각 없이 외부 필자가 보내온 원고를 함부로 손대거나 마음대로 제목을 갈아 치우는 행위는 동일성유지권을 침해한 행위가 된다.

매절계약의 효력

우리 출판계의 오랜 관행 중에 이른바 '매절(買切)'이라는 것이 있다. 흔히 번역물일 경우, 또는 여러 사람에 의한 공동 저작물일 경우, 그리고 무명의 작가로부터 원고가 들어왔을 경우 "한꺼번에 얼마간의 금액을 지불하고 이후에는 아무런 금전적 대가를 지불하지 않는 형태"를 가리킨다. 문제는 이를 저작권양도계약으로 해석하는 데 있다. 과거 저작권에 관한 인식이 희박하던 시절에는 누구나 이를 당연한 관행으로 생각 했을지 모르지만, 이제 상황은 그렇지가 않다. 예컨대, 저작물 이용에 따른 대가를 발행 부수 또는 판매 부수에 따라 지급하는 것이 아니라 미리 일괄 지불하는 형태로서 이른바 '매절계 약'은, 그것이 일반적인 인세를 훨씬 초과하는 고액이라는 등의 증거가 없는 한 이는 출판권설정계약 또는 독점적 출판허락계약이라고 보는 것이 타당하며, 출판권은 저작권법에 의하면 당사자 사이에 특별한 약정이 없는 한 3년간 존속하는 것이므로 계약일로부터 3년이 경과하면 출판권은 소멸되는 것이 명백하다는 판결(서울민사지방법원 제51부 1994.6.1. 판결, 94카합 3724 가처분이의)만 보더라도 매절이 곧 저작권 양도라는 해석은 매우 위험한 것이다.

설령 그것이 저작권양도계약이라 하더라도 저작자 일신에 전속하는 저작인격권은 이에 해당하지 않으며 오직 저작재산 권만 양도될 수 있으므로 저작자로서의 성명표시권이라든가 동일성유지권은 훼손될 수 없다. 아울러 저작재산권의 양도에 있어서도 저작권법 제41조의 규정에 따르면 "저작재산권의 전부를 양도하는 경우에 특약이 없는 때에는 2차적저작물 또는 편집저작물을 작성할 권리는 포함되지 아니한 것으로 추정한다."라고 했으므로 주의할 필요가 있다. 이 규정은 저작재산권자의 이익을 보호함에 있어 합리성을 추구한 것으로, 저작재산권을 양도해야 하는 상황은 대개 저작재산권자로서는 매우 불리한 경우가 많을 것이며, 그렇다면 저작재산권을 양도받으려는 측의 일방적인 계약 내용으로 계약이 체결되는 상황을 우려하지 않을 수 없기 때문이다.

나오는 글

이상에서 살핀 바와 같이 현행 저작권법에 의하면 기존의 아날로그 매체 환경 위주로 작성된 계약 관행으로는 도저히 적용할 수 없는 새로운 기술, 그리고 첨단 매체들이 많이 늘어났음을 알 수 있다. 특히, 저작권에 기반을 두어 가장 빈번하면서도 가장 이용 범위가 넓은 '출판권'만 해도 전송을 포함하는 '공중송신권'과는 전혀 다르다는 점에서 이용자들의 고충이 가중되고 있다. 즉, 지속적으로 진화해 온 '책'의 형태에 비추어 볼 때 과거의 책이나 오늘날의 책, 나아가 재료 자체가 다른 전자책(e-Book)이라 하더라도 그 속성만큼은 변한 것이 없지만 법적으로 볼 때 '출판권'과 '공중송신권'은 완전히 별개인 것처럼 규정되어 있다. 출판권에 관한 규정과 전송을 포함한 개념으로서의 공중송신권에 관한 규정 자체가 이질적임을 천명하고 있는 것이다.

이 같은 사실은 곧 제57조 제1항에서 "저작물을 복제·배포할 권리를 가진 자는 그 저작물을 인쇄, 그 밖의 이와 유사한 방법으로 문서 또는 도화로 발행하고자 하는 자에 대하여 이를 출판할 권리를 설정할 수 있다."라고 규정하고 있는 것과, 제2조 정의 규정에서 전송을 "일반 공중이 개별적으로 선택한 시간과 장소에서 수신하거나 이용할 수 있도록 저작물을 무선 또는 유선통신의 방법에 의하여 송신하거나 이용에 제공하는 것을 말한다."라고 규정한 것에는 부합하는 측면이 전혀 없다는 사실에서 잘 알 수 있다. 이는 또한 전자책을 포함하여 '도서'로 규정하고 있는 현행 출판문화산업진흥법과도 일치하지 않는다. 따라서 기존에 출판권설정이 되어 있는 저작물이라 하더라도 그 저작재산권자가 임의로 공중송신권을 발휘하여 새로운 이용을 허락하더라도 출판권자로서는 이에 저항할 아무런 근거가 없다. 결국 새로운 전송권이용허락계약을 맺지 않는 한 우리 출판사들은 새로운 이용 형태에 관한 권리를 모두 상실할 수도 있으며, 향후 개발업체들의 공세 앞에 무력해질 수밖에 없다.

결국 저작권법에서 정의하고 있는 출판이란, "저작물을 인쇄 또는 이와 유사한 방법을 통해 문서 또는 도화의 형태로 복제해서 그 복제물을 배포하는 것"이라고 할 수 있다. 그리

고 이와 같은 방법으로 출판할 수 있는 권리를 '출판권'이라
하며, 그러한 출판권을 복제권자로부터 설정 받은 사람이 곧
'출판권자'가 된다. 그러므로 새로운 형태의 도서는 현행 저작
권법상의 출판권으로 보호 받을 수 없다는 문제가 심각하게
제기되고 있는 것이다.

하지만 현재로서는 새로운 저작권 환경에 대한 철저한 이
해와 합리적인 표준계약서를 개발하여 출판계 전체가 공동으
로 대응하려는 노력이 중요하며, 한편으로 기존의 출판권설정
계약서와 함께 전송권이용허락계약서를 동시에 활용하는 것
이 가장 바람직한 것으로 보인다. 아울러 현행 저작권법상의
'출판권'에 관한 규정을 포괄적으로 개정하려는 노력, 더 나아
가 정의 규정에 전자 형태를 포함하는 '출판' 또는 '도서'에
관한 명시 규정을 신설하려는 노력이 범출판계의 염원으로 가
시화되고, 다음 저작권법 개정에서는 이러한 노력이 법제화로
관철되어야 할 것이다.

부록: 편집장이 점검해야 할 저작권 실무

* 국내 저자와의 계약 시

(1) 저자 선정과 동시에 출판계약의 유형을 결정한다.

– 독점적 출판권설정계약인가, 독점적·배타적 출판권설정
계약인가?

(2) 계약서 초록을 작성하고 내용에 대하여 저자 및 발행인, 담
당 편집자 등과 협의한다.

– 획일화된 계약서 양식을 피하고, 저작물 및 저작자에 따
라 새롭게 계약서를 작성하는 것이 좋다.

– 계약 기간, 저작권 사용료(인세) 지불 방법, 배포 범위, 위
임 사항(전자책 제작/2차적저작물의 이용 등) 등을 꼼꼼히 결정한다.

(3) 계약서에 최종 날인하기 전에 내용에 대하여, 특히 저작권 사용료(인세)와 지불 방법 및 위임 사항 등에 대하여 다시 한 번 저자에게 주지시킨다.

－ 저작권 사용료의 경우 선급금, 인세율, 지불 방법 등에 있어 발행 부수 기준인지, 판매 부수 기준인지, 그것의 검증 방법은 어떠한지 잘 따져서 추후 분쟁의 소지가 발생하지 않도록 주의해야 한다.

(4) 담당 편집자로 하여금 계약 내용을 숙지하도록 강조하고 계약서를 잘 보관한다.

－ 계약서는 유형별로 계약 기간 만료일을 기준 삼아 분류하여 보관하는 것이 좋다.

(5) 계약 만료일에 즈음하여 계약 갱신 여부를 따져 보고 저자에게 알린다.

－ 무조건 갱신하는 것은 비경제적이다. 과감한 판단이 중요!

* 외국 저자와의 계약 시

(1) 출간도서 선정과 동시에 원저작권자 측에서 원하는 계약 내용을 확인한다.

－ 에이전시를 통하는 경우 계약서 원문과 함께 에이전시 측에 계약 내용의 보증된 번역을 요구한다.

- 계약 기간, 저작권 사용료(인세율), 배포 범위, 위임 사항(전자책 제작/2차적저작물의 이용 등) 등을 꼼꼼히 확인한다.

(2) 계약서에 최종 날인하기 전에 저작권 사용료(인세율)와 지급 방법 및 위임 사항 등에 대해 에이전시를 통하여 다시 한 번 확인한다.

- 특히 옵션에 관해 철저하게 확인해야 하며, 계약 기간 자동 갱신 조항이 있는지, 계약 기간 갱신에 따른 조건은 없는지 잘 살펴야 한다.

(3) 원저작권자와의 계약이 완료되면 번역자와 체결할 계약서 초록을 작성하고 그 내용에 대하여 번역자 및 발행인, 담당 편집자 등과 협의한다.

- 계약 기간, 배포 범위, 위임 사항(전자책 제작/2차적 이용 등)을 꼼꼼히 결정한다.

- 원저작권자에게 지불할 저작권 사용료를 감안하여 번역자에 대한 저작권 사용료를 인세 형태로 지불할지, 아니면 저작재산권 양도 형태로 일괄 지불할지 판단하여 결정한다.

(4) 번역계약서에 최종 날인하기 전에 저작권 사용료와 지불 방법 및 위임 사항 등 계약 내용에 대하여 다시 한 번 번역자에게 주지시킨다.

- 과거 출판관행에 따른 '매절계약'은 저작권법상 보호 받

지 못하므로 이 경우 반드시 저작재산권양도계약을 체결하도록 하고, 인세 지불 형태로 계약할 경우 선급금, 인세율, 지불 방법 등에 있어 발행 부수 기준인지, 판매 부수 기준인지, 그 것의 검증 방법은 어떠한지 잘 따져서 추후 분쟁의 소지가 발생하지 않도록 주의해야 한다.

(5) 담당 편집자로 하여금 계약 내용을 숙지하도록 강조하고 계약서를 잘 보관한다.

- 계약서는 유형별로 계약 기간 만료일을 기준 삼아 분류하여 보관하는 것이 좋다.

(6) 계약 만료일에 즈음하여 계약 갱신 여부를 따져 보고 저자, 번역자에게 알린다.

- 무조건 갱신하는 것은 비경제적이다. 과감한 판단이 중요!

1) 저작권법 제11조<공표권>
   ① 저작자는 그 저작물을 공표하거나 공표하지 아니할 것을
      결정할 권리를 가진다.
   ② 저작자가 공표되지 아니한 저작물의 저작재산권을 제41조
      의 규정에 의한 양도 또는 제42조의 규정에 의한 이용 허
      락을 한 경우에는 그 상대방에게 저작물의 공표를 동의한
      것으로 추정한다.
   ③ 저작자가 공표되지 아니한 미술저작물, 건축저작물 또는
      사진저작물(이하 "미술저작물 등"이라 한다)의 원작품을
      양도한 경우에는 그 상대방에게 저작물의 원작품의 전시
      방식에 의한 공표를 동의한 것으로 추정한다.
   ④ 원저작자의 동의를 얻어 작성된 2차적저작물 또는 편집저작
      물이 공표된 경우에는 그 원저작물도 공표된 것으로 본다.
2) 저작권법 제12조<성명표시권>
   ① 저작자는 저작물의 원작품이나 그 복제물에 또는 저작물
      의 공표에 있어서 그의 실명 또는 이명을 표시할 권리를
      가진다.
   ② 저작물을 이용하는 자는 그 저작자의 특별한 의사 표시가
      없는 때에는 저작자가 그의 실명 또는 이명을 표시한 바에
      따라 이를 표시하여야 한다. 다만, 저작물의 성질, 그 이용
      목적 또는 형태 등에 비추어 부득이하다고 인정되는 경우
      에는 그러하지 아니하다.
3) 저작권법 제13조<동일성유지권>
   ① 저작자는 그 저작물의 내용·형식 및 제호의 동일성을 유지
      할 권리를 가진다.
   ② 저작자는 다음 각 호의 1에 해당하는 변경에 대하여는 이
      의할 수 없다. 다만, 본질적인 내용의 변경은 그러하지 아
      니하다.
      1. 제23조의 규정에 의하여 저작물을 이용하는 경우에 학
         교 교육 목적상 부득이하다고 인정되는 범위 안에서의
         표현의 변경

　　2. 건축물의 증축·개축 그 밖의 변형

　　3. 그 밖에 저작물의 성질이나 그 이용 목적 및 형태에 비
　　　추어 부득이하다고 인정되는 범위 안에서의 변경

4) 저작권법 제14조＜저작인격권의 일신전속성＞

① 저작인격권은 저작자 일신에 전속한다.

② 저작자의 사망 후에 그의 저작물을 이용하는 자는 저작자
가 생존하였더라면 그 저작인격권의 침해가 될 행위를 하
여서는 아니 된다. 다만 그 행위의 성질 및 정도에 비추어
사회 통념상 그 저작자의 명예를 훼손하는 것이 아니라고
인정되는 경우에는 그러하지 아니하다.

5) ‘무방식주의’란, 저작물이 저작권 보호의 대상이 되기 위해서
아무런 절차나 방식 또는 표시가 필요하지 않다는 것으로, 저
작권 보호와 관련하여 대부분의 나라에서 채택하고 있는 방
식이다. 제10조 제2항 참조.

6) 저작권법 제39조＜보호 기간의 원칙＞

① 저작재산권은 이 절에 특별한 규정이 있는 경우를 제외하
고는 저작자의 생존하는 동안과 사망 후 50년간 존속한다.
다만, 저작자가 사망 후 40년이 경과하고 50년이 되기 전
에 공표된 저작물의 저작재산권은 공표된 때부터 10년간
존속한다.

② 공동저작물의 저작재산권은 맨 마지막으로 사망한 저작자
의 사망 후 50년간 존속한다.

7) 저작권법 제45조＜저작재산권의 양도＞

① 저작재산권은 전부 또는 일부를 양도할 수 있다.

② 저작재산권의 전부를 양도하는 경우에 특약이 없는 때에
는 제22조의 규정에 의한 2차적저작물을 작성하여 이용할
권리는 포함되지 아니한 것으로 추정한다.

8) 저작권법 제46조＜저작물의 이용 허락＞

① 저작재산권자는 다른 사람에게 그 저작물의 이용을 허락
할 수 있다.

② 제1항의 규정에 의하여 허락을 받은 자는 허락 받은 이용
방법 및 조건의 범위 안에서 그 저작물을 이용할 수 있다.

③ 제1항의 규정에 의한 허락에 의하여 저작물을 이용할 수
있는 권리는 저작재산권자의 동의 없이 제3자에게 이를 양

도할 수 없다.

9) 이용 허락의 종류에는 크게 세 가지가 있다.

첫째는 여기서 살펴본 것처럼 '단순 이용 허락'이 있는데, 이 경우에는 이용 허락을 받은 사람은 저작재산권자가 같은 이용 방법에 의하여 다른 사람에게 이용 허락을 해도 아무런 제재수단이 없다.

둘째는 '독점 이용 허락'이 있는데, 이 경우 역시 특정의 이용자에게만 이용 허락을 하고 다른 사람에게는 이용을 허락하지 않겠다는 채권(債權)과 채무(債務)의 관계를 맺은 것에 불과하므로, 저작재산권자가 다른 사람에게 독점 이용에 대한 허락을 했다면 저작재산권자에게 채무 불이행에 따른 계약 위반을 추궁할 수 있을 뿐, 제3의 이용자를 상대로 한 제재를 가할 수 있는 것은 아니다.

셋째는 '배타적 이용 허락'이 있는데, 이 경우는 저작권법에 있어서 출판권(出版權)의 설정(設定)이 대표적인 것으로, 배타적 이용을 전제로 한 계약이 이루어졌다면 이용자는 제3의 이용자에 대해서도 권리의 침해를 주장할 수 있다. 하지만 제42조에서 규정하고 있는 이용 허락이란 첫째와 둘째의 경우만을 뜻하는 것으로 해석하는 것이 타당한 것으로 보인다.

10) 저작권법 제58조<출판권자의 의무>

① 출판권자는 그 설정 행위에 특약이 없는 때에는 출판권의 목적인 저작물을 복제하기 위하여 필요한 원고 또는 이에 상당하는 물건을 받은 날로부터 9월 이내에 이를 출판하여야 한다.

② 출판권자는 그 설정 행위에 특약이 없는 때에는 관행에 따라 그 저작물을 계속하여 출판하여야 한다.

③ 출판권자는 특약이 없는 때에는 각 출판물에 대통령령이 정하는 바에 의하여 복제권자의 표지를 하여야 한다.

11) 저작권법 제59조<저작물의 수정증감>

① 출판권자가 출판권의 목적인 저작물을 다시 출판하는 경우에 저작자는 정당한 범위 안에서 그 저작물의 내용을 수정하거나 증감할 수 있다.

② 출판권자는 출판권의 목적인 저작물을 다시 출판하고자 하는 경우에 특약이 없는 때에는 그때마다 미리 저작자

에게 그 사실을 알려야 한다.
12) 저작권법 제60조<출판권의 존속 기간 등>
   ① 출판권은 그 설정 행위에 특약이 없는 때에는 맨 처음 출판한 날로부터 3년간 존속한다.
   ② 복제권자는 출판권 존속 기간 중 그 출판권의 목적인 저작물의 저작자가 사망한 때에는 제1항의 규정에 불구하고 저작자를 위하여 저작물을 전집 그 밖의 편집물에 수록하거나 전집 그 밖의 편집물의 일부인 저작물을 분리하여 이를 따로 출판할 수 있다.
13) 저작권법 제61조<출판권의 소멸통고>
   ① 복제권자는 출판권자가 제58조 제1항 또는 제2항의 규정을 위반한 경우에는 6월 이상의 기간을 정하여 그 이행을 최고하고 그 기간 내에 이행하지 아니하는 때에는 출판권의 소멸을 통고할 수 있다.
   ② 복제권자는 출판권자가 출판이 불가능하거나 출판할 의사가 없음이 명백한 경우에는 제1항의 규정에 불구하고 즉시 출판권의 소멸을 통고할 수 있다.
   ③ 제1항 또는 제2항의 규정에 의하여 출판권의 소멸을 통고한 경우에는 출판권자가 통고를 받은 때에 출판권이 소멸한 것으로 본다.
   ④ 제3항의 경우에 복제권자는 출판권자에 대하여 언제든지 원상회복을 청구하거나 출판을 중지함으로 인한 손해의 배상을 청구할 수 있다.
14) 저작권법 제62조<출판권 소멸 후의 출판물의 배포>
   출판권이 그 존속 기간의 만료 또는 그 밖의 사유로 소멸된 경우에는 그 출판권을 가지고 있던 자는 다음 각 호의 1에 해당하는 경우를 제외하고는 그 출판권의 존속 기간 중 만들어진 출판물을 배포할 수 없다.
   1. 출판권설정 행위에 특약이 있는 경우
   2. 출판권의 존속 기간 중 복제권자에게 그 저작물의 출판에 따른 대가를 지급하고 그 대가에 상응하는 부수의 출판물을 배포하는 경우
15) 참고: 원래 저작권은 헌법과 저작권법에 따라 보호 받으며, 그 보호에 있어 어떠한 절차나 형식의 이행이 필요 없다. 다

만, '등록'을 하게 되면 다음과 같은 여러 가지 효과가 발생
한다.

① 추정력: 저작자 또는 저작재산권자로 성명이 등록된 사람
은 그 등록저작물의 저작자 또는 저작재산권자로, 창작
연월일 또는 공표 연월일이 등록된 저작물은 등록된 연월
일에 창작 또는 맨 처음 공표된 것으로, 등록되어 있는 저
작권·출판권 또는 저작인접권을 침해한 사람은 그 침해
행위에 과실이 있는 것으로 추정된다. 그리하여 등록권리
자는 추정 사실에 있어 입증 책임을 면하게 되며, 이러한
추정 사실을 부인하려는 사람이 법적 추정을 번복할 증거
를 제시해야 하는 입증 책임 전환의 효력이 생긴다.

② 대항력: 저작재산권의 변동, 출판권의 설정 및 변동, 저작
인접권의 변동 등의 사실을 등록하면 이를 근거로 제3자
에게 대항할 수 있다. 등록하지 않은 경우에도 권리 변동
의 당사자 사이에는 변동 효력이 발생하지만 제3자가 권
리 변동 사실을 부인하는 경우에는 제3자에 대해 변동의
유효를 주장할 수 없다.

③ 보호 기간의 연장: 무명 또는 널리 알려지지 않은 이명으
로 공표한 저작물의 경우 성명 등록을 하게 되면 보호 기
간이 공표 후 50년에서 사후 50년으로 연장되며, 업무상
저작물이나 영상저작물의 경우 공표 연월일을 등록하게
되면 창작 후가 아닌 등록일을 기준으로 50년이 적용되
는 효과가 있다.

16) 오승종·이해완, 『저작권법(제3판)』, 박영사, 2004, 94쪽.

17) 송영식·이상정, 『저작권법개설(제3판)』, 세창출판사, 2003,
98～99쪽 참조.

18) 제호를 독립적인 저작물로 보아 보호하는 대표적인 국가로
는 프랑스가 있다. 프랑스 저작권법 제5조 참조.

19) 제호 자체가 저작권법에서 보호하는 저작물이 될 수 없다고
하여 보호할 수 있는 방법이 없는 것은 아니다. 즉, 저작물이
복제된 출판물을 예로 든다면 출판물도 하나의 상품이기 때
문에 매우 독창적인 제호라면 산업재산권에서의 상표로서,
또는 부정경쟁방지법에 의한 상표로서 보호 받을 수 있다.

참고문헌

권영준, 『저작권 침해판단론』, 박영사, 2007.

김기태, 『저작권법의 해석과 적용』, 세계사, 2007.

김기태, 『웹 2.0 시대의 저작권 상식 100』, 커뮤니케이션북스, 2008.

김기태, 「저작권 환경 변화에 따른 출판계의 문제점과 대응방안」, 『한미자유무역협정(FTA) 저작권 설명회 자료집』, 대한출판문화협회, 2007.4.18.

문화관광부 엮음, 『개정 저작권법 해설』, 2007.1.30.

송영식·이상정, 『저작권법개설(제3판)』, 세창출판사, 2003.

오승종·이해완, 『저작권법(제3판)』, 박영사, 2004.

이호흥, 「저작권모델계약서 Ⅰ 출판권설정계약서」, 『저작권연구자료 45』, 저작권심의조정위원회, 2004.

저작권심의조정위원회, 『실무자를 위한 저작권법』, 저작권심의조정위원회, 2007.

한승헌, 『저작권의 법제와 실무』, 삼민사, 1988.

허희성, 『신저작권법축조개설(개정판 상, 하)』, 저작권아카데미, 2000.

SBI교재개발위원회 엮음, 『출판 저작권 과정』, 서울북인스티튜트, 2005.

대한출판문화협회 홈페이지(http://kpa21.or.kr)

저작권위원회 홈페이지(http://www.copyright.or.kr)

저작권 편집자를 위한 저작권 지식

펴낸날	초판 1쇄 2008년 11월 25일
	초판 5쇄 2018년 9월 7일

지은이	김기태
펴낸이	심만수
펴낸곳	(주)살림출판사
출판등록	1989년 11월 1일 제9-210호

주소	경기도 파주시 광인사길 30
전화	031-955-1350 팩스 031-624-1356
홈페이지	http://www.sallimbooks.com
이메일	book@sallimbooks.com

ISBN	978-89-522-1045-6 04080
	978-89-522-0096-9 04080(세트)

※ 값은 뒤표지에 있습니다.
※ 잘못 만들어진 책은 구입하신 서점에서 바꾸어 드립니다.

089 커피 이야기

eBook

김성윤(조선일보 기자)

커피는 일상을 영위하는 데 꼭 필요한 현대인의 생필품이 되어 버렸다. 중독성 있는 향, 마실수록 감미로운 쓴맛, 각성효과, 마음의 평화까지 제공하는 커피. 이 책에서 저자는 커피의 발견에 얽힌 이야기를 통해 그 기원을 설명한다. 커피의 문화사뿐만 아니라 커피에 대한 일반적인 정보 및 오해에 대해서도 쉽고 재미있게 소개한다.

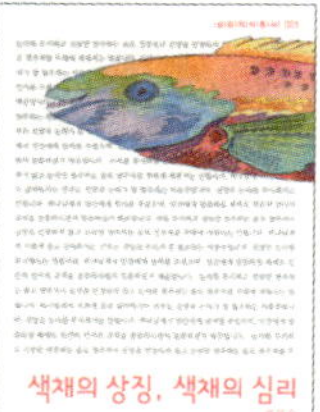

021 색채의 상징, 색채의 심리

박영수(테마역사문화연구원 원장)

색채의 상징을 과학적으로 설명한 책. 색채의 이면에 숨어 있는 과학적 원리를 깨우쳐 주고 색채가 인간의 심리에 어떤 작용을 하는지를 여러 가지 분야의 사례를 통해 설명한다. 저자는 색에는 나름대로의 독특한 상징이 숨어 있으며, 성격에 따라 선호하는 색채도 다르다고 말한다.

001 미국의 좌파와 우파

eBook

이주영(건국대 사학과 명예교수)

진보와 보수 세력의 변천사를 통해 미국의 정치와 사회 그리고 문화가 어떻게 형성되고 변해왔는지를 추적한 책. 건국 초기의 자유방임주의가 경제위기의 상황에서 진보-좌파 세력의 득세로 이어진 과정, 민주당과 공화당의 대립과 갈등, '제2의 미국혁명'으로 일컬어지는 극우파의 성장 배경 등이 자연스럽게 서술된다.

002 미국의 정체성 10가지 코드로 미국을 말하다

eBook

김형인(한국외대 연구교수)

개인주의, 자유의 예찬, 평등주의, 법치주의, 다문화주의, 청교도 정신, 개척 정신, 실용주의, 과학·기술에 대한 신뢰, 미래지향성과 직설적 표현 등 10가지 코드를 통해 미국인의 정체성과 신념을 추적한 책. 미국인의 가치관과 정신이 어떠한 과정을 통해서 형성되고 변천되어 왔는지를 보여 준다.

058 중국의 문화코드

강진석(한국외대 연구교수)

중국의 핵심적인 문화코드를 통해 중국인의 과거와 현재, 문명의 형성 배경과 다양한 문화 양상을 조명한 책. 이 책은 중국인의 대표적인 기질이 어떠한 역사적 맥락에서 형성되었는지 주목한다. 또한, 구체적이고 실제적인 여러 사물과 사례를 중심으로 중국인의 사유방식에 대해 설명해 주고 있다.

057 중국의 정체성

eBook

강준영(한국외대 중국어과 교수)

중국, 중국인을 우리는 과연 어떻게 이해해야 하나? 우리 겨레의 역사와 직 · 간접적으로 끊임없이 영향을 주고받은 중국, 그러면서도 아직까지 그들의 속내를 자신 있게 말할 수 없는, 한편으로는 신비스럽고, 한편으로는 종잡을 수 없는 중국인에 대한 정체성을 명쾌하게 정리한 책.

015 오리엔탈리즘의 역사

eBook

정진농(부산대 영문과 교수)

동양인에 대한 서양인의 오만한 사고와 의식에 준엄한 항의를 했던 에드워드 사이드의 오리엔탈리즘. 이 책은 에드워드 사이드의 이론 해설에 머무르지 않고 진정한 오리엔탈리즘의 출발점과 그 과정, 그리고 현재와 미래의 조망까지 아우른다. 또한 오리엔탈리즘이 사이드가 발굴해 낸 새로운 개념이 결코 아님을 역설한다.

186 일본의 정체성

eBook

김필동(세명대 일어일문학과 교수)

일본인의 의식세계와 오늘의 일본을 만든 정신과 문화 등을 소개한 책. 일본인을 지배하는 이데올로기는 무엇이고 어떤 특징을 가지는지, 일본을 주목해야 하는 이유는 무엇인지 등이 서술된다. 일본인 행동양식의 특징과 토착적인 사상, 일본사회의 문화적 전통의 실체에 대한 분석을 통해 일본의 정체성을 체계적으로 살펴보고 있다.

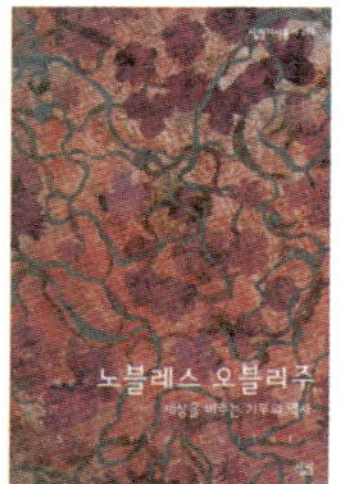

261 노블레스 오블리주 세상을 비추는 기부의 역사

예종석(한양대 경영학과 교수)

프랑스어로 '높은 사회적 신분에 상응하는 도덕적 의무'를 뜻하는 노블레스 오블리주. 고대 그리스부터 현대까지 이어지고 있는 노블레스 오블리주의 역사 및 미국과 우리나라의 기부 문화를 살펴보고, 새로운 시대정신으로 노블레스 오블리주를 부활시킬 수 있는 가능성을 모색해 본다.

396 치명적인 금융위기, 왜 유독 대한민국인가   eBook

오형규(한국경제신문 논설위원)

이 책은 전 세계적인 금융 리스크의 증가 현상을 살펴보는 동시에 유달리 위기에 취약한 대한민국 경제의 문제를 진단한다. 금융안정망 구축 방안과 같은 실용적인 경제정책에서부터 개개인이 기억해야 할 대비법까지 제시해 주는 이 책을 통해 현대사회의 뉴 노멀이 되어 버린 금융위기에서 살아남는 방법을 확인해 보자.

400 불안사회 대한민국, 복지가 해답인가   eBook

신광영 (중앙대 사회학과 교수)

대한민국 사회의 미래를 위해서 복지는 선택이 아니라 필수라고 말하는 책. 이를 위해 경제 위기, 사회해체, 저출산 고령화, 공동체 붕괴 등 불안사회 대한민국이 안고 있는 수많은 리스크를 진단한다. 저자는 사회적 위험에 대응하기 위한 복지 제도야말로 국민 모두의 삶의 질을 높일 수 있는 길이라는 것을 역설한다.

380 기후변화 이야기   eBook

이유진(녹색연합 기후에너지 정책위원)

이 책은 기후변화라는 위기의 시대를 살면서 우리가 알아야 할 기본지식을 소개한다. 저자는 기후변화와 관련된 핵심 쟁점들을 모두 정리하는 동시에 우리가 행동해야 할 실천적인 대안을 제시한다. 이를 통해 독자들은 기후변화 시대를 사는 우리가 무엇을 해야 할 것인지에 대하여 생각해 볼 수 있을 것이다.

eBook 표시가 되어있는 도서는 전자책으로 구매가 가능합니다.

㈜**살림출판사**

www.sallimbooks.com
주소 경기도 파주시 문발동 522-1 | 전화 031-955-1350 | 팩스 031-955-1355